Monika Kirschner

Rund ums Pferd mit Nicole Uphoff

Ein Buch zum Film

Monika Kirschner

Rund ums Pferd
mit Nicole Uphoff

Ein Buch zum Film

FN-Verlag
der Deutschen Reiterlichen Vereinigung

Autorinnen:
Monika Kirschner
Nicole Uphoff

Zeichnungen:
Marion Heitzer

Fotos:
Werner Ernst: Seite 17, 18, 46 oben, 53 rechts, 62, 64 links, 89, 93, 95, 100, 102, 104, 105, 120 links, 128.
Werner Ernst/euro-star: Seite 9 links, 70, 117.
euro-star: Seite 118 links und rechts.
Haupt- und Landgestüt Marbach: Seite 83.
Monika Kirschner: Seite 9 rechts, 10, 11, 12, 13, 15, 20, 21, 23, 25, 26, 28, 29, 32 unten, 33, 35, 39, 40, 41, 49, 50,
    51, 53 links, 54, 57 rechts, 58, 59, 60, 61, 67 oben links und rechts, 68, 72, 78, 80, 81, 91, 97, 109, 116, 126,
    127, 133, 134, 137 oben links und rechts.
Presse-Foto-Dienst Lentz: Seite 56.
Privat: Seite 7, 8, 19, 27, 38, 44, 46 unten, 57 links, 73, 86, 87, 120 rechts, 129, 143.
Margit Röllen-Claßen: Seite 30.
Helge Sangmeister, Landgestüt Warendorf: Seite 64 rechts, 65 alle, 66, 67 unten links und rechts, 137 unten links
    und rechts.

Titelfoto:
Werner Ernst/euro-star

Titelgestaltung:
Rudolf Strecker

ISBN 3-88542-259-x

Herstellungskoordination:
FN-Verlag der Deutschen Reiterlichen Vereinigung, Warendorf

Grafische Gestaltung und Layout:
Rudolf Strecker, Sassenberg

Vorstufe:
Fotosatz & Design Christian Reiter, Berchtesgaden

Druck und Verarbeitung:
PDC Paderborner Druck Centrum

INHALTSVERZEICHNIS

6. Immer das gleiche, nie dasselbe: Das Training

7. Die Stunde der Wahrheit

8. Tierisch prominent

9. Tips für junge Reiter von denen, die es wissen müssen

10. Neues von Nicole

11. Anhang

Ein Wort zuvor

Produzent Hinnerick Bröskamp.

Als der WDR Köln die Firma DE CAMPO FILM im Dezember 1989 beauftragte, einen Film über Nicole Uphoff zu produzieren, hatte ich zunächst etwas gemischte Gefühle. Denn mein Kontakt zu Pferden lag über 30 Jahre zurück und die Erinnerung daran waren nicht die Besten. Nein, nicht wegen der Pferde. Wie gerne wäre ich damals geritten, hätte mich erfreut am Umgang mit Pferden. Doch in meiner Kindheit bedeuteten Pferde für mich nur Arbeit. Denn: Mein Vater war Hufschmied in einem kleinen Dorf im Münsterland, und Pferde waren damals in erster Linie Arbeitstiere, nicht Partner des Menschen in der Freizeit. Und so mußte ich Tag für Tag nach der Schule beim Beschlagen helfen. Das Seil halten, mit dem die Hufe im Beschlaggestell festgebunden wurden. Seit den Dreharbeiten zum Film "Im fliegenden Wechsel zum Sieg" mit Nicole Uphoff und Remmi (auch als Video erhältlich) vor 4 Jahren hat sich mein Verhältnis zu Pferden und zum Reitsport schlagartig verändert. Selber reiten, dazu fehlt zwar die Zeit. Aber Filme mit Pferden drehen, das macht mir sehr viel Spaß. Eine Auflistung der bisher produzierten Filme sind am Schluß des Buches zu finden.

Und irgendwann entwickelte sich mit Nicole Uphoff die Idee, einen Film zu machen, nicht über sie, sondern mit ihr über Pferde, über ihre Zucht, über das Reiten usw.. In Zusammenarbeit mit dem WDR, dem FN-Verlag und der Firma Waldhausen gelang es mir dann, genug Geld für eine Filmproduktion aufzutreiben. Das Ergebnis: Der spannende Film von Monika Kirschner und ihr gleichnamiges Buch "Rund ums Pferd mit Nicole Uphoff".

Viel Spaß beim Lesen und beim Schauen!

Hinnerick Bröskamp
Filmproduzent DE CAMPO FILM, Köln

Einleitung

Die Idee zu dem Buch **"Rund ums Pferd mit Nicole Uphoff"** entstand schon bei den ersten Vorgesprächen zu der gleichnamigen Fernsehserie und dem Video. Ich war froh, endlich mal wieder Pferde zu filmen, und diesmal gleich eine ganze Serie. Das Schönste aber war, daß Nicole Uphoff sich bereit erklärt hatte, an dem Projekt mitzuarbeiten, und mit ihr noch eine ganze Reihe anderer "Pferdemenschen", wie ich sie gerne nenne. Menschen wie die Referentin im Referat Ausbildung bei der Deutschen Reiterlichen Vereinigung (FN), Susanne Hopmann, der Journalist Hans-Heinrich Isenbart, bekannter Kommentator vieler großer Turniere, Landstallmeister Dr. Lehmann, Leiter des Nordrhein-Westfälischen Landgestüts in Warendorf und Landoberstallmeister Dr. Cranz vom Haupt- und Landgestüt Marbach und viele andere, die ihre Liebe zum Pferd zum Beruf gemacht haben und denen eines gemeinsam ist: Wenn sie ein Pferd sehen, geht ihnen das Herz auf, und die Laune bessert sich. In

Der erste Kontakt mit den geliebten Vierbeinern: Monika Kirschner als Baby-Reiterin.

dem Punkte sind sich alle einig, und ich muß gestehen, mir geht es auch so. Solange ich denken kann, hatte ich gerne mit Pferden zu tun, und eines meiner ersten Fotos zeigt mich als pummeliges Baby auf einem Kaltblüter.

Das habe ich mir gemerkt! Ein paar Jahre später durfte ich schon mal beim Bauern Dieding in Langenberg (Westfalen) aufs Pferd – "Feudal" hieß es, ein richtiges Dressurpferd, das bei Turnieren gute Erfolge hatte. Seitdem ist das Reiten mein liebstes Hobby. Ich bin ihm bis heute treu geblieben, auch wenn es dieses Jahr "nur" zu einem Pferdebuch reicht.

Es soll natürlich ein ganz besonderes Pferdebuch werden, das außer den unbestrittenen Stars, den Pferden, auch vieles von den Menschen erzählt, die ihr ganzes Leben mit Pferden verbringen.

Da ist in erster Linie Nicole Uphoff, die bei all ihren Erfolgen kein Geheimnis aus ihrem Wissen macht und gerne und ohne jede Arroganz ihre Erfahrungen weitergibt – und das besonders gern an junge Reiter und Reiterinnen, zu denen sie ja vor nicht allzu langer Zeit noch selbst gehört hat. Schon bei unserem ersten Treffen habe ich etwas mit Nicole erlebt, das ganz bezeichnend für ihre Einstellung ist. Am ersten Tag der Dreharbeiten saß Nicole auf Herrmann's Grand Gilbert, bereit, sich im Military-Trainingsgelände der Deutschen Reiterlichen Vereinigung in Warendorf filmen zu lassen. Ich kannte Nicole kaum und hatte außerdem einen Riesenrespekt vor den Risiken dieses Unternehmens: Was hätte einem so wertvollen Dressurpferd, wie Herrmann's Grand Gilbert es ist, in "freier Wildbahn" alles zustoßen können? Also äußerte ich meinen Wunsch nach Aufnahmen im Gelände nur sehr vorsichtig. Nicoles Antwort war einfach: "Kein Problem!"

Nicole mit Herrmann's Grand Gilbert im Wasser.

Genauso klar und höflich sagte sie dann aber auch "Nein", als ich, mutig geworden, um einen Sprung über einen Baumstamm bat.

Wie ich später noch feststellen sollte, ist dieses Verhalten typisch für Nicole. Bei ihr weiß man immer, woran man ist. Das überträgt sich auch auf ihren Umgang mit Pferden und ist letztlich vielleicht das Geheimnis ihres großen Erfolges. Sie versucht, jede Situation positiv und übersichtlich für alle Beteiligten, also auch die Pferde, zu gestalten, ohne dabei ihre eigenen Ziele aus den Augen zu verlieren.

Bald war für mich klar, daß Nicole nicht nur viel über Pferde weiß, sondern daß sie auch in der Lage ist, ihr Wissen in besonders einfacher und einleuchtender

Letzte Arbeiten am Buch – Nicole im FN-Verlag.

Weise an andere weiterzugeben. So bin ich froh, daß Nicole Uphoff mit mir zusammen dieses Buch geschrieben hat und dafür nicht nur ihr Notizheft, sondern auch ihren großen Erfahrungsschatz preisgibt. Zu Beginn jedes Kapitels berichtet Nicole aus ihrer Sicht der Dinge. Wir erfahren viel über ihre Einstellung zum Leben, zu ihrer Umgebung und über ihre Erfolgsgeheimnisse. Ihre Rubrik in jedem Kapitel steht unter dem Titel:

Im zweiten Teil jedes Kapitels berichte ich von den Dreharbeiten zur Fernsehserie. Diese Abschnitte des Buches nennen wir:

Beim Lesen dieser Abschnitte kann man einiges über das alltägliche Verhalten der Pferde und der "Pferdemenschen" erfahren – außerdem bekommt man ganz nebenbei mit, wie ein richtiger Film gedreht wird.

Oft habe ich bei den Dreharbeiten bedauert, das nicht ein zweites Filmteam in der Nähe war. Denn was sich hinter der Kamera abspielt, ist mindestens so interessant und lustig wie das, was vor der Kamera passiert. Zum Beispiel wurde der Kameramann auf der Fohlenweide regelmäßig von hinten angeknabbert, während er vorne drehte.

Reichlich merkwürdig verliefen auch die Versuche unserer Helfer, aus der sicheren Deckung heraus die Pferde zu einem neugierigen Blick in die Kamera zu bewegen.

Neugierige Fohlen machen Filmaufnahmen unmöglich.

Oft werden unsere Leser und Leserinnen technische Details und alles, was mit Nicoles Trainingsmethoden zu tun hat, genauer wissen wollen. Dann hilft der dritte Teil jedes Kapitels weiter. Das:

Hier geht es um notwendige und sinnvolle Informationen, nicht um trockene

Theorie. Damit keine Langeweile aufkommt, sind diese Teile kurz und bündig formuliert. Leser, denen manches schon bekannt ist, können die Infos einfach überspringen. Aber nicht jeder Leser und jede Leserin des Buches ist schon Pferdeexperte. Deshalb erscheint es uns sinnvoll, wichtige Dinge nochmal zu erklären.

Im vierten Abschnitt jedes Kapitels geht es immer um eine Person aus der Gruppe der:

Pferdemenschen

Pferde sind aus vielen Gründen sehr wichtig für uns Menschen, aber leider sprechen sie nicht unsere, sondern ihre eigene Sprache. Sie können sich daher nicht direkt in diesem Buch zu Wort melden.

Bleibt als Ausweg nur der Umweg über die Menschen, die jeden Tag mit Pferden zusammen sind und sie sehr gut kennen. Hört man ihnen zu, dann kann man vielleicht besser verstehen, was das Leben der Pferde ausmacht. Unsere Experten und Expertinnen wissen zwar auch nicht genau, was Pferde "eigentlich" denken. Aber durch lange Erfahrung sind sie in der Lage, sich in das Leben der Pferde besonders gut einzufühlen. Damit der Film und das Buch zur Fernsehserie **"Rund ums Pferd mit Nicole Uphoff"** so werden konnten, wie sie sind, wurden fast hundert Personen mit den unterschiedlichsten Berufen tätig. Alle haben ihr Bestes getan. Einige tauchen im Buch immer wieder auf, und es ist daher gut, daß wir sie gleich am Anfang vorstellen. Wenn im folgenden vom "Team" die Rede ist, so ist immer das Kamerateam "vor Ort" gemeint. Filmemachen ist Teamarbeit, allein kommt da niemand weiter. Am Drehort waren immer mindestens ein Kameramann, der Toningenieur und ich als Regisseurin anwesend.

Hugo Graswinckel ist der Kameramann.

Er kennt sich mit Pferden aus; und das nicht nur als Reiter und Pferdefan, sondern auch beim Blick durch das Objektiv. Durch die Erfahrung vieler Pferdefilme ist er inzwischen eine Art von Spezialkameramann auf diesem Gebiet geworden.

Der zweite Kameramann heißt Walter Korth.

Da wir mit großen Unterbrechungen drehen mußten, hatte Hugo Graswinckel nicht immer Zeit. Walter Korth hat ihn dann sachkundig vertreten.

Der Tontechniker heißt Wolfgang Pauli.

Wolfgang bezeichnet sich selbst als typisches Stadtkind. Er hatte zunächst großen Respekt, um nicht zu sagen Angst vor den Pferden, und die Pferde auch vor ihm. Denn das Mikrophon ist oft an einer langen Stange angebracht, der Tonangel, die freischwebend nicht nur sensible Pferde nervös macht.

Meist war auch Susanne Hopmann dabei, als Fachberaterin der Deutschen Reiterlichen Vereinigung (FN), und Hans-Heinrich Isenbart, bekannter Fernsehjournalist, der teilweise gleichzeitig mit uns an denselben Drehorten Aufnahmen für den Videofilm "Faszination Pferd" machte.

Der Produzent der Videofilme "Rund ums Pferd mit Nicole Uphoff" und "Faszination Pferd mit Hans-Heinrich Isenbart" ist Hinnerick Bröskamp, der Inhaber der Firma DE CAMPO FILM in Köln.

Inzwischen hat Wolfang Pauli schon viele Pferdefilme mitgemacht und seine anfängliche Scheu gegenüber "großen Tieren" abgelegt. Mittlerweile findet er sogar Gefallen am Wiehern und Schnauben in seinen Kopfhörern oder an der Aufgabe, einen Galopp auch akustisch richtig "rüberzubringen" – an das ewige Geknabbere hat er sich allerdings noch nicht gewöhnt.

1. Zu Gast bei Nicole im Stall

Nicoles Notizheft

Meine Pferde, meine Hunde

Rembrandt Borbet, der Star

Hallo, ich möchte Euch zunächst einmal alle meine Pferde vorstellen. Denn es gibt ja nicht nur Rembrandt Borbet, sondern auch noch andere Pferde in meinem Stall. Ich muß für Nachwuchs sorgen und deshalb immer mehrere Pferde auf verschiedenen Niveaus ausbilden.

Remmi ist natürlich die Nummer *eins* für mich und wird es wohl auch immer bleiben. Für meine anderen Pferde ist das manchmal schwer, die können richtig eifersüchtig werden. Auf jeden Fall habe ich unheimlich Glück gehabt, daß meine Eltern und ich Rembrandt Borbet gefunden haben. Rembrandt Borbet ist jetzt 16 Jahre alt und auf dem Höhepunkt seiner Leistungsfähigkeit. Wie wahrscheinlich jedes hoch-

begabte Pferd ist er in mancher Hinsicht ein bißchen schwierig. Das fängt schon in der Box an. Wenn man ihn auf die Stallgasse holen will, muß man sich sehr vorsehen, denn er ist sehr schreckhaft. Und sollte dann noch irgendetwas vor seine Füße fallen, dann tut er so, als ob er Angst hätte und rennt rückwärts. Genauso ist es beim Reiten. Er erschreckt sich manchmal vor Dingen, die eigentlich gar nicht da sind. Eine große Spezialität von

Rembrandt Borbet, mein Favorit.

Remmi ist es, mich immer wieder auszutricksen. Das scheint sein größtes Vergnügen zu sein. Dann muß ich wiederum meine Tricks anwenden, um gegen ihn anzukommen. Also, einfach ist das nicht mit uns beiden.

Große Angst vor kleinen Dingen!
Remmi und der Regenwurm.

Bis vor fünf Jahren konnte ich ihn nie korrekt durch eine Prüfung bringen. Entweder war er ganz toll und hatte einen super Tag, oder wir waren ganz hinten. Ein Mittelding gab es bei uns nie. Remmi ist ja dafür bekannt, daß er sich vor einigen Dingen unheimlich erschreckt. Das sind dann seine Patzer. Er macht ganz, ganz selten wirkliche Lektionsfehler. Wenn wir zum Beispiel in der Prüfung eine Pirouette reiten und er hört plötzlich eine Kamera "klick", dann konzentriert er sich nicht mehr auf mich und ich bin in dem Moment Luft obendrauf. Meine Hilfen bekommt er dann auch

nicht mehr mit. Mit einem Pferd wie Rembrandt Borbet habe ich dann zwar noch die Chance, den Trab in der nächsten Lektion stärker herauszuholen und damit die verlorenen Punkte wieder wettzumachen. Aber nervenaufreibend ist das allemal. Manchmal liegt es aber auch an mir, manchmal bin ich auch nicht so gut drauf und gebe falsche Hilfen. Er merkt sofort, wenn ich unkonzentriert bin, und nutzt die Situation zum Blödsinn machen aus. Andererseits weiß auch ich oft im voraus, was er vorhat.

Eigentlich ist Rembrandt Borbet ein Spätentwickler, der erst im Alter von etwa elf, zwölf Jahren, in Topform kam. Er konnte zwar alles sehr früh, aber leider war er lange Zeit kaum zu reiten und unkalkulierbar. Es hat neun Jahre gedauert, bis wir da waren, wo wir jetzt sind; aber es hat sich gelohnt. Irgendwann habe ich den richtigen Weg gefunden, ihn mit Köpfchen zu reiten, mich also in ihn hineinzudenken. Jetzt sind wir wirklich ein Team geworden.

Herrmann's Grand Gilbert: Wann bin ich die Nummer 1?

Herrmann's Grand Gilbert ist ein zehnjähriger sehr talentierter Wallach. Er ist mittlerweile mein zweitbestes Stück. Für sein Alter ist er auch schon hochdekoriert. Er hat viele Siege und Plazierungen bis hin zum Grand Prix und Grand Prix Spezial. Bei den Olympischen Spielen in Barcelona war er sogar erstes Ersatzpferd der deutschen Mannschaft, das heißt, alle anderen Reiter wären bereit gewesen, im Notfall auch auf Herrmann's Grand Gilbert anzutreten. Von mir wird er "Berti"

Nicole galoppiert mit Herrmann's Grand Gilbert in der Sandkuhle.

genannt. Er ist das Gegenteil von Remmi. Vom Charakter her ist er wahnsinnig lieb und sehr, sehr brav. Aber er hat seinen eigenen Kopf und ist manchmal etwas stur im Reiten. Wenn er nicht will, ist überhaupt nichts mehr zu machen. Da kann man alles versuchen. Wenn ich eine Lektion mit ihm reite und merke, daß er keine Lust hat, dann zwinge ich ihn auch nicht. Ich höre einfach auf und gehe mit ihm ins Gelände, und das machen wir dann eine ganze Woche lang. Irgendwann kommt der Punkt, an dem ich mir denke: "Versuch's einfach mal wieder." Ich mache vieles nach Gefühl. Oft klappt es dann besser und alles geht viel lockerer. Wenn nicht gerade ein Turnier vor der Tür steht, dann lasse ich ihm oft seine Ruhe. Alles andere bringt uns sowieso nicht weiter.

Wahrscheinlich dauerte seine Ausbildung dadurch länger als gewöhnlich, aber ich bin sicher, das es der bessere Weg war. Das einzige, wofür er sich wirklich immer interessiert, ist das Futter. Er ist wahnsinnig verfressen, unser Kleiner. Wenn's ums Fressen geht, ist er hellwach, dafür läßt er alles stehen und liegen. Aber wenn es um Arbeit und Turniere geht, muß man ihn bei Laune halten. Remmi freut sich tierisch, wenn er arbeitet. Das habe ich bei Berti jetzt auch langsam erreicht. Ich sorge immer für Abwechslung, reite viel ins Gelände und wechsele ständig das Programm. Berti fand es von Anfang an wahnsinnig toll, wenn er Zuschauer hatte und wenn sie womöglich noch klatschten. Das ist bis heute so geblieben. Zu Hause findet er es dagegen reichlich langweilig, immer nur in der Halle rumzulaufen, wo keiner ist. Dann tobt er sich lieber auf einem Turnierplatz aus, wo richtig Stimmung herrscht und Musik spielt. Er benimmt sich dann so wie ein Hengst, bei dem das Imponiergehabe deutlich wird.

Berti hat immer das Problem, zweites Pferd zu sein. Irgendwie habe ich manchmal das Gefühl, daß er auch von den Richtern und von anderen Menschen so behandelt wird. Alle vergleichen ihn immer nur mit Remmi. Er braucht seine Chance, erstes Pferd zu sein. Als er dieses Jahr auf dem Turnier in Aachen wirklich mal erstes Pferd war, haben alle ganz anders hingeschaut. Berti hat in Aachen dann so aufgedreht, daß er im Grand Prix Zweiter wurde. Dann bin ich die Kür gegangen, die ihm eigentlich auch sehr viel Spaß

macht, viel mehr als der Grand Prix Spezial. Die Kür hat er sogar gewonnen. Die Zuschauer waren total begeistert. Herrmann's Grand Gilbert reagiert sehr stark auf Musik. Ich habe eine schöne leichte Musik für ihn ausgewählt, und das klappt einfach super mit ihm. Er sucht sich selber den Takt und dann geht's ab, sofort geht der Kopf hoch und er wird wirklich ein ganzes Stück lebendiger. Ich habe mich echt amüsiert, da oben drauf.

Nicole mit dem Nachwuchshengst Freudentänzer beim Training.

Freudentänzer, der schicke Nachwuchshengst

Freudentänzer ist ein achtjähriger Hengst. Er gehört nicht mir. Sein Besitzer hat ihn mir zur Verfügung gestellt.

Freudentänzer, genannt Freddy, ist eigentlich ein Deckhengst, der zur Zeit aus dem Deckgeschäft herausgenommen ist. Ich habe den Besitzer darum gebeten, denn am Anfang, als er zu mir kam, war er völlig unkonzentriert bei der Arbeit. Wenn er andere Pferde auf der Stallgasse hörte oder Pferde verladen wurden, hat er mich als Reiterin gar nicht mehr wahrgenommen, weil er dachte, da kommt vielleicht eine Stute. Ich fühlte mich da oben wie ein Floh. Das ist jetzt viel besser geworden. Freudentänzer macht große Fortschritte. Er konzentriert sich sehr bei der Arbeit und ich hoffe, daß auch Freudentänzer ein Grand Prix-Pferd wird. Mittlerweile haben wir gemeinsam etliche S-Dressur Siege und Plazierungen erritten.

Herrmann's Sir Lenox: Meinen Namen solltet ihr Euch merken!

Herrmann's Sir Lenox ist ein neunjähriger Wallach. Ich bilde ihn seit seinem vierten Lebensjahr aus. Jetzt habe ich ihn soweit, daß er erfolgreich in der S-Klasse geht. In diesem Jahr habe ich ihn in mehreren Grand Prix-Prüfungen vorgestellt und wir waren teilweise schon sehr erfolgreich. Aber es ist sehr schwierig, mit ihm zu arbeiten. Man braucht ihn nur genau anzusehen, um zu wissen, was er ist: ein großer Schlawiner. Er versucht jedesmal, sich vor der Arbeit zu drücken. Aber mit immer neuen Tricks funktioniert es dann doch wieder, daß er das tut, was ich will.

Meine Eltern und ich haben ihn in Verden auf einer Auktion gekauft. Damals lief er wie eine Singer-Nähmaschine. Er hat eine sehr aktive Hinterhand, aber vorne sah es so aus, als wenn die Beine oben ganz eng eingehängt worden wären. Et-

Herrmann's Sir Lenox ähnelt sehr seinem berühmten Stallkollegen Rembrandt Borbet.

was später ist er vierjährig Material- und Eignungsprüfungen gegangen. Aber auf Grund seiner merkwürdigen Bewegungen wurde er nie plaziert. Das war alles nicht so erfolgreich.

So langsam, im Alter zwischen fünf und sechs Jahren, hat er plötzlich gelernt, den Hals fallen zu lassen und im Rücken zu schwingen. Als er das verstanden hatte, änderten sich auch seine komischen Bewegungen aus der Vorhand. Er hatte es kapiert! Inzwischen wird er sogar schon des öfteren mit Remmi verglichen.

Mein erster Hund:
Heidi hat mir beigebracht, mit Tieren umzugehen

Ich war drei Jahre alt, als ich meinen ersten Hund bekam. Das war die Heidi, ein ziemlich mickriger Silberpudel. Wir hatten alle Mitleid mit ihm und haben ihn deshalb mit nach Hause genommen. Es sollte eigentlich mein Hund sein. Aber ich war im Endeffekt doch zu jung, die Verantwortung für ein eigenes Tier zu übernehmen. Mit drei Jahren! Ich habe fürchterliche Dinge mit ihm gemacht, ihn hochgenommen, dann aus Versehen wieder fallengelassen, und was weiß ich nicht alles. Als ich älter wurde, habe ich langsam ein vertautes Verhältnis zu Heidi

Nicole mit ihrem ersten eigenen Tier, der Hündin Heidi.

bekommen. Sie hat mir letztlich beigebracht, wie ich mit ihr umgehen muß. Als ich gemerkt habe, wie sehr mich Heidi mochte und wir uns so richtig aneinander gewöhnt hatten, wurde sie im Alter von 16 Jahren krank und wir mußten sie einschläfern lassen. Das war für mich sehr traurig, weil ich meine ganze Kindheit mit diesem Hund verbracht habe.

Ich habe die gute Beziehung zu Tieren und auch das Einfühlungsvermögen vielleicht über meinen ersten Hund bekommen. Da hat es seinen Anfang genommen. Man muß lernen, mit Tieren umzugehen, und mit den Hunden war das eine gute Übung. Die haben mich regelrecht erzogen. Sie haben mir beigebracht, wo die Grenzen sind, was man mit einem Hund oder mit irgendeinem Tier machen darf, was nicht. Kinder müssen das lernen. Heidi hat mir alles deutlich gezeigt, ohne mir gefährlich zu werden.

Schönheit: Heidi.

Ich bin Nicoles Liebling

Andy, eigentlich heißt er Andrew vom Gut Glückauf, ist einer meiner Jack-Russell-Hunde. Immer wenn es irgendwie möglich ist, ist er bei mir. Ich habe ein ganz besonders vertrautes Verhältnis zu ihm. Er ist jetzt fünfeinhalb Jahre alt, und manchmal reichen nur Blicke zwischen uns. Dann weiß er ganz genau, was los

Ich bin Nicoles Liebling.

Andy hat einen tierisch starken Charakter. Männer mag er überhaupt nicht. Er knurrt jeden Mann an, und es darf ihn keiner anfassen. Mit ihm kann ich problemlos im Dunkeln über die Straßen gehen. Sobald jemand versuchen würde, mir etwas zu tun, würde sich Andy auf ihn stürzen. Seine Lieblingsbeschäftigung ist Flugzeugfliegen. Am liebsten alleine mit mir. Dann reckt er die Nase hoch und schaut nach links und nach rechts, nach dem Motto "Guckt mal alle her. Ich bin mit Nicole alleine hier". Ich kann Andy auch mit meinem Gepäck überall alleine lassen. Ich stelle die Tasche ab, setze den Andy daneben und sag: "Paß auf." Ich kann dann getrost weggehen. Andy würde nie meine Tasche aus den Augen lassen oder gar jemanden ranlassen.

Vor kurzem waren wir in einem Eiscafé. Da kam der Besitzer: "Ach wie süß, wie niedlich! Beißt der?" Ich meinte: "Passen

ist. Manchmal reicht auch nur irgendein Geräusch von mir. Er versteht mich, und er kennt vor allem meine Stimmungen. Habe ich gute Laune, dann ist er auch wie von der Tarantel gestochen. Wenn ich traurig bin oder schlechte Laune habe, dann sehe und höre ich ihn nicht – kaum sind wir zu Hause, geht er in sein Körbchen und ist still.

Nicoles Hunde Tina und Andy. Tina lebt jetzt bei ihrer Mutter.

Sie besser auf!" Doch der Mann schien meine Worte beim Anblick des kleinen Andy nicht ganz ernst zu nehmen. "Ach, guck mal wie brav, der Kleine." Andy stand da und schaute ihm genau ins Gesicht. Dann nahm der Mann auch noch sein Taschentuch und wedelte Andy vor der Nase herum: "Guck mal, wie süß, der tut ja gar nix!" Da habe ich nur gesagt: "Andy, aufpassen!" Und schon hatte er den Mann an der Hose gepackt. Der hat sich vielleicht erschrocken! Das ganze Café hat gelacht. So schnell ärgert der keinen kleinen Hund mehr.
Das ist mein Andy!

Sarah von dem Knesebeck

Sarah ist erst 13 Monate alt und die Tochter von Andy. Sie ist ein richtiger Feger und nimmt ihre Umwelt noch gar nicht richtig wahr. Wo Sarah ist, da ist immer Ramba-Zamba. Sarah hat ihren Vater immer dabei und ist dadurch völlig unbekümmert. Sie liebt es, andere Hunde zu ärgern und denkt sich, "Papa ist ja dabei, mir passiert schon nichts." Und Andy reagiert. "Da ist was passiert, Sarah ist in Schwierigkeiten". Und er geht ran an die anderen Hunde. So provoziert sie ihn ständig, nach dem Motto: "Oh, Papa hilf mir, der will was." Ansonsten ist sie immer gut gelaunt und will nur spielen und schmusen. Also, ein richtiger Schoß-hund.

Aller Anfang ist schwer

Dreharbeiten mit Tieren haben ihre eigenen Gesetze. Das gilt besonders für Pferde. Jeder, der schon mal ein Foto von einem Pferd gemacht hat, weiß, wie schwer es ist, von dem geliebten Vierbeiner ein einigermaßen attraktives Motiv zu bekommen. Auf dem Bild wirkt der Kopf

Schmusehündin Sarah von dem Knesebeck

meist viel zu dick, die ganze Haltung erscheint linkisch. Die Schönheit der Pferde liegt in der Eleganz der Bewegung, die das riesige Tier in ein leichtes, fast zartes Wesen zu verwandeln scheint. Dieser Gegensatz von Masse und Eleganz macht Pferde so faszinierend, ist aber schwer auf das Fotopapier zu bannen.

Wenn wir beim Filmen oder Fotografieren zu nah an das Pferd kommen, verzerren sich die Perspektiven und unser Liebling ist nicht wiederzuerkennen. Ganz davon abgesehen, daß ein Pferd fürs Foto die Ohren vorne haben sollte. Doch zu diesem Problem mehr im Kapitel 4, Intermezzo: "Wie fotografiere ich ein Pferd?".
Beim Filmen kommen noch andere Probleme dazu. Nicht nur eine einzelne Person, sondern ein ganzes Team, das heißt mindestens drei Personen, bewegen sich mit einem riesigen schwarzen Kasten bewaffnet auf das Pferd zu.
Diese Personen haben oft kein enges Verhältnis zu Pferden – sie wollen nur ihren Film drehen. Im besten Falle haben sie wenigstens keine Angst. Muntere Vierbeiner, insbesondere junge Pferde, finden eine solche Situation höchst interessant. Sie sind schlicht neugierig und

kommen schon nach kurzer Zeit ungeniert auf das Kamerateam zu. Immer hungrig, wird dann zuerst mal die Kamera auf ihre Verwertbarkeit als Futter untersucht. Für den Kameramann ist diese Neugier eine Katastrophe. Sobald das Pferd mit der Nase vor dem Objektiv ist, kann er natürlich keine Bilder mehr machen. Die Optik ist vernebelt. Wegscheuchen hilft auch nichts, denn Pferde, die an Menschen gewöhnt sind, kommen immer wieder. Und sie richtig zu vertreiben ist natürlich auch nicht im Sinne des Films, denn die Pferde sollen ja möglichst nah und entspannt vor der Kamera agieren. Da hilft nur eins: viel Geduld.

Wir haben nie erlebt, daß ein Pferd beim Öffnen der Boxentür fotogen stehenbleibt. Pferde sind nun mal keine Filmstars. Aber einen Blick durch die Gitterstäbe wollten wir auch nicht drehen.

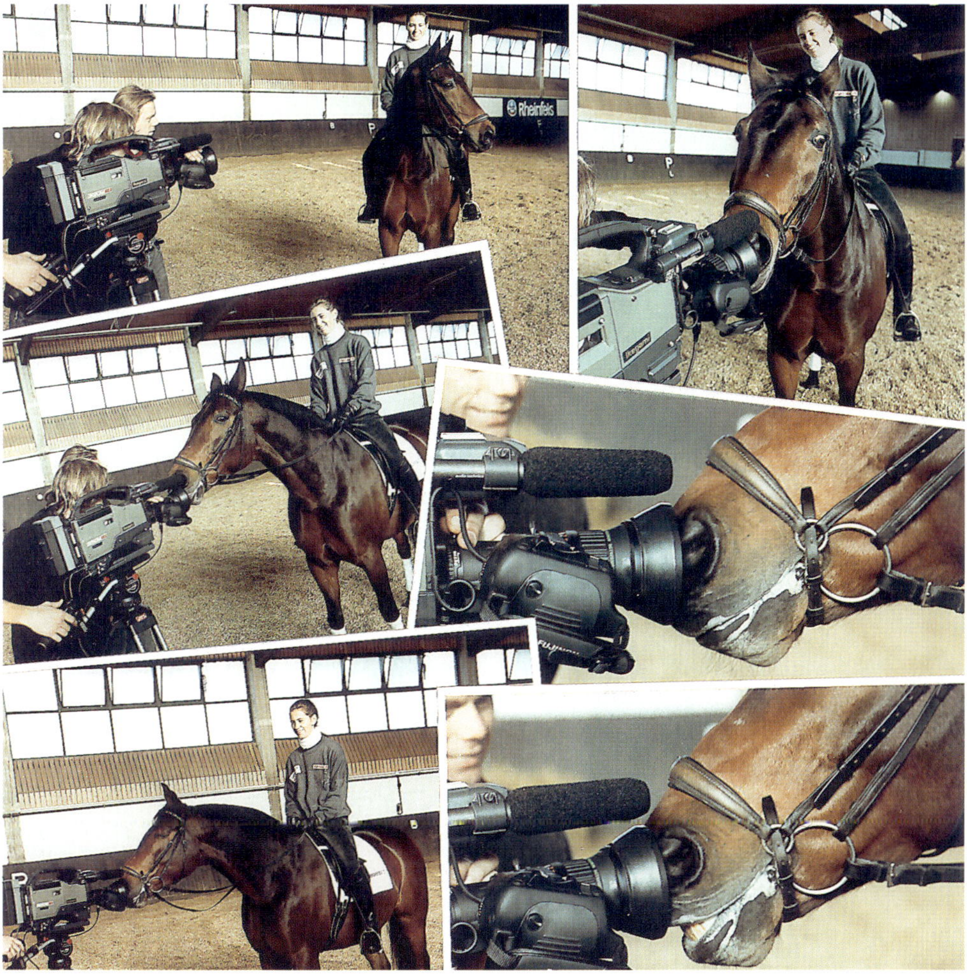

Die Kamera wird einer genauen Kontrolle unterzogen. Auch Rembrandt Borbet überprüft das Objektiv ganz genau.

Wenn man gute Bilder von Pferden aufnehmen will, muß man viel Zeit haben, was bei Kamerateams selten der Fall ist. Jeder Filmtag kostet sehr viel Geld für das zahlreiche Personal und die hochwertige Technik; selbst die Riesensummen, die in amerikanischen Filmstudios investiert werden, sind schnell verpulvert. Also muß man sich etwas einfallen lassen.

Beim Besuch in Nicoles Reitstall hatten wir Glück. Wenn Nicole dabei war, verhielten sich die Pferde ruhiger, sie konnte sie mit ihrer Stimme und ihren Händen ablenken. So war es schließlich möglich, einigermaßen in Ruhe zu drehen. Nicole öffnete die Boxentür und verhinderte geschickt, daß die Pferde auf uns zuliefen. Nur bei Herrmann's Grand Gilbert war auch Nicole machtlos, denn er knabbert zu gerne am Objektivgummi und am Mikrophon herum.

Profitips zur Pferdepflege und Fütterung

Das allerhöchste Gebot ist eine gleichmäßige, ruhige und angenehme Atmosphäre im Stall.

Schon bei der Pflege gewinnt man das Vertrauen des Pferdes. Ein Pferd, das keine Angst hat, steht ruhig in der Stallgasse und läßt die Behandlung gelassen über sich ergehen. Putzen ist nicht nur ein Reinigungsvorgang, sondern gleichzeitig eine Hautmassage, die besonders für Sportpferde wichtig ist. Die Pflege des Pferdes ist vor und nach dem Reiten gleichermaßen von Bedeutung. Die Pferde müssen sehr gründlich saubergemacht werden, vor allem am Kopf, wo die Trense sitzt, dann am Maul, wo sich Speichel und Dreck in den Maulwinkeln absetzen.

Darüber hinaus ist es wichtig, daß man die Sattellage und die Beine abschwämmt, denn es ist nicht gut, wenn der ganze Dreck und der Schweiß im Fell bleiben. Erstens juckt das und zweitens kann das hinterher Druckstellen geben. Auch die Beine sollen schön sauber sein, schon ein klein wenig Sand verursacht Scheuerstellen beim Bandagieren.

Vieles wird bei der Reinigung leicht vergessen: wie zum Beispiel zwischen den Beinen, hinter den Ohren oder zwischen den "Batzen". Oft werden auch die Hufe vernachlässigt. Sie können spröde oder rissig werden, und dann kann es langwierige Probleme geben. Also: Die Hufe gut auskratzen, dabei nachschauen, daß sich nichts verkantet hat oder Steinchen feststecken.

Dann werden die Hufe eingefettet oder eingeölt, damit sie nicht brüchig werden. Öl oder Fett muß auf jeden Fall vor dem Reiten und auch nach dem Reiten aufgetragen werden. Nach dem Reiten kann es besser einziehen und wirkt nachhaltig.

Die Qualität des Pferdefutters und seine richtige Dosierung haben großen Einfluß auf das Wohlbefinden und die Leistungsfähigkeit des Sportpferdes. Das oberste Gebot ist dabei eine individuelle Fütterung, kombiniert mit einer genauen und regelmäßigen Beobachtung des Pferdes. Jede Veränderung des Verhaltens kann ihre Ursache auch im Futter haben. Im Grunde sind die bewährten Futtermittel auch die besten: Heu und Hafer. Rauhfutter, wie Heu oder auch Stroh, darf man nicht unterschätzen, es hält Magen und Darm beschäftigt. Rauhfutter sollte man immer reichlich füttern.

Nicole Uphoff berichtet dazu aus ihrer Erfahrung folgendes:

Ich habe viel mit speziellen Futtermitteln herumprobiert, aber keine guten Erfahrungen gemacht. Entweder werden meine Pferde nicht kräftig genug, oder sie wurden zu dick. Daraufhin habe ich mir gesagt: "Mein Gott, die Pferde sind jahrhundertelang mit Heu und Hafer gefüttert worden, warum soll das nicht so weiter

Nicole bestimmt die genaue Futterration. Wer bekommt was?

gehen?" Ich habe auf ganz normalen Hafer zurückgegriffen, von der Qualität her gut, also nicht so ein staubiges Zeug, und füttere teilweise noch ein bißchen Reformhafer dazu. Dann habe ich einfach ausprobiert, wieviel jedes Pferd verträgt. In unserem Stall versuchen wir sehr individuell zu füttern. Manche Pferde brauchen mehr, einige brauchen weniger. Pferde, die viel arbeiten, bekommen mehr Futter. Pferde, die weniger arbeiten, bekommen weniger Futter. Das spreche ich fast jeden Tag neu mit der Pflegerin ab. Außerdem bekommen die Pferde hier und da auch Vitamine. Die Fütterung muß individuell abgestimmt sein. In vielen Reitställen geht es einfach nach Schema F: schwupp schwupp, immer so mit der Schippe 'rein in den Trog, und jeder bekommt das gleiche, und das heißt: der eine bekommt zuviel, der andere zuwenig. Das ist im Endeffekt beim Menschen genauso. Nur mit dem unangenehmen Unterschied, daß die Pferde dabei Koliken bekommen können, die sich wesentlich schlimmer auswirken, als ein einfaches Magendrücken beim Menschen.

Dann sollte man wenigstens einmal im Jahr das Blut kontrollieren lassen. Es liegt oft an Kleinigkeiten, wenn ein Pferd nicht fit ist. Über die Blutwerte kommt man oft schnell dahinter, was nicht stimmt.

Pferdemenschen

Heinz Brüggemann
Reitlehrer FN

Unabhängig davon, welches Futter man füttert und in welchen Mengen – entscheidend ist die Qualität. Gerade bei der Anlieferung des Futters sind gründliche Qualitätskontrollen unumgänglich. Bei regelmäßigen Stichproben muß immer wieder sichergestellt werden, daß die Ware staubfrei ist und vor allem keinen Schimmelbefall zeigt. Verstaubtes Futter führt zu Husten und Erkrankungen der Atemwege, und Schimmelpilze können die gefürchteten Pilzgifte, die Mycotoxine, enthalten. Um Vergiftungen vorzubeugen, muß schon bei der geringsten Spur von Schimmelbefall das Futter vernichtet werden. Die nächste Kontrolle ist notwendig, bevor das Futter gegeben wird. Auch gutes Futter kann bei längerer Lagerung Schaden nehmen und im schlimmsten Falle verderben.

In landwirtschaftlichen Betrieben ist es oft üblich, nur zweimal am Tag zu füttern. Für die Pferde mit ihrem relativ kleinen Magen sind die Portionen dann leicht zu groß. Als Weidetiere sind Pferde darauf eingestellt, regelmäßig den ganzen Tag über Nahrung in kleinen Mengen aufzunehmen. Mehrere kleine Portionen regelmäßig über den Tag verteilt sind daher besser für sie geeignet als wenige große. Daher, sollte man besser viermal am Tag als zweimal füttern. Gesunde Pferde haben immer Appetit und wissen regelmäßige kleine Portionen zu schätzen. Darüber hinaus darf man nicht vergessen, daß Pferde ihr Fressen gerne aus einem sauberen Trog und einer sauberen Tränke zu sich nehmen. Auch Pferde mögen es nicht, wenn Futterreste in den Ecken des Trogs vor sich hingammeln und anfangen zu riechen.

Also: immer alles schön sauber halten, dann bleibt der Appetit erhalten!

Heinz Brüggemann: Er ist für die Futterauswahl der Pferde im Deutschen Olympiade-Komitee für Reiterei verantwortlich.

2. Das Leben der Fohlen

Nicoles Notizheft

Donata, erfolgreich in Dressur und Zucht. Hier an der Hand von Marion Heitzer.

Meine ersten eigenen Fohlen

Je länger ich mit Pferden zusammen bin, desto mehr interessiere ich mich auch für die Zucht. Früher habe ich darauf keine Gedanken verschwendet. Ich habe mich nie um die Abstammung meiner Pferde gekümmert. Heute ist das in gewisser Hinsicht immer noch so, denn ich kaufe mir ein Pferd nicht nach seiner Abstammung, sondern ich schaue vielmehr auf die Bewegungen. Aber was meine eigene Stute und ihr Fohlen angeht, da habe ich doch sehr genau überlegt, wer der Vater sein soll.
Meine Zuchtstute heißt Gina Reale und ist eine Halbschwester von Herrmann's Grand Gilbert, das heißt in diesem Falle: Gina und Berti haben den gleichen Vater, Glücksklee.

Wir haben Gina letztes Jahr decken lassen, von Donnerhall. Donnerhall habe ich mir ausgesucht, weil der im großen Sport etwas darstellt. Er sieht sehr leichtritt aus. Das ist bei der Paarung mit dieser Stute sehr wichtig, denn Gina Reale ist eher nervös und hat gar keine Einstellung zur Arbeit. Deshalb habe ich mir als Laie in der Zucht gedacht: wenn ich jetzt das

"Donata" Mutter von Herrmann's Grand Gilbert.

charakterliche Gegenteil nehme, dann **könnte** das etwas werden. Wahrscheinlich werde ich mit meiner eigenen Zucht noch vieles über diese Dinge lernen. Gina Reales Fohlen ist jetzt über ein Jahr alt. Es lebt mit seiner Mutter im Stall meiner Freunde Richard und Marion Heitzer, die auch die Züchter von Herrmann's Grand Gilbert sind.

Die Geburt habe ich leider verpaßt, aber ich bin sofort zu Heitzers gefahren, um mir mein Fohlen anzusehen. Neun Stunden war es alt, als ich es zum ersten Mal sah: ein Stutfohlen. Ich fand es total niedlich. Es ist mittlerweile ein Dunkelfuchs; ganz dunkel, wesentlich dunkler als sein Onkel Berti. Das Fohlen war, als ich es dann endlich sah, schon aufgestanden und umhergelaufen. Es war daher etwas ermattet. Herr Heitzer, genannt Richie, sprach mit meinem Fohlen: "Komm, du muß nochmal aufstehen, Nicole ist da." Aber es tat sich nichts. Es lag nur so da. Da ist Richie zu ihm gegangen und hat es gestreichelt. Und was macht mein Fohlen? Es läßt sich ganz auf die Seite fallen. Richie versuchte es weiter, denn ich sollte mein erstes neugeborenes Fohlen doch in seiner ganzen Schönheit und auf vier Beinen sehen. "Komm, jetzt mußt du aufstehen!" Er kraulte das Fohlen am Hals, dann weiter am Bauch. Daraufhin warf sich mein Fohlen auf den Rücken wie ein Hund und strampelte mit allen Vieren. Es war zu komisch! Irgendwann haben wir sie dann doch zum Aufstehen überreden können. Sie ist wirklich sehr, sehr hübsch. Bald sollte sich herausstellen, das auch andere kompetente Pferdemenschen dieser Meinung sind.

Der erste große öffentliche Auftritt meines Fohlens war die Fohlenschau. Ich war dabei und habe auch noch ein wenig bei den letzten Vorbereitungen mitgeholfen.

Wer ist die Schönste im ganzen Land? Nicole präsentiert Gina Reale und Dark Whisper auf der Fohlenschau.

Das war Neuland für mich, ich war fürchterlich aufgeregt und die Stute auch. Die ungewohnte Aufgabe machte mich nervös. Eine Stute und ihr Fohlen gleichzeitig zu bändigen ist gar nicht so einfach. Und da kam dann auch noch ein Mann und wollte mir Blumen überreichen, wo ich doch überhaupt keine Hand frei hatte. Das war nett gemeint, aber dann doch wirklich zuviel des Guten.

Ich hatte am nächsten Tag am rechten Arm einen ausgewachsenen Muskelkater. Kein Wunder, denn die Stute war sehr unruhig und zog fürchterlich, stehen bleiben konnte sie gar nicht. Das Fohlen dagegen war sehr ruhig und fand das alles ganz toll. Es ist bei der Vorführung immer brav neben der Mutter hergetrabt und gewann dann prompt die Goldmedaille.

Nun muß es erst einmal wachsen und gedeihen. Ich hab mir Großes vorgenommen. Mein allererstes Fohlen möchte ich auf gar keinen Fall verkaufen. Inzwischen hat es sogar schon einen Namen. Es heißt Dark Whisper, weil es so ein hübscher Dunkelfuchs ist.

Mitte Juni haben wir unser zweites Fohlen bekommen, von meinem ersten Reitpferd Waldfee. Die Stute Waldfee ist mittlerweile 20 Jahre alt. Letztes Jahr habe ich Waldfee nach langen Jahren der Trennung wiederbekommen. Ihr ging es ziemlich schlecht, sie war stocklahm. Wir haben Waldfee wieder hochgepäppelt. Nach einiger Zeit war sie schon so munter, daß sie mit der Pflegerin spazieren gegangen ist, nicht umgekehrt. Da habe ich mir gedacht, wir versuchen, sie einmal decken zu lassen. Nach einigen Schwierigkeiten, Waldfee ist schließlich

Nicole und ihre Mutter sind stolz auf den Goldpokal für Dark Whisper.

schon sehr alt, wurde sie von Landino von Landgraf I tragend. Die Geburt verlief ohne Komplikationen. Innerhalb von einer Viertelstunde war das Fohlen da. Es war ein bißchen schwach auf den Beinen, und jedesmal, wenn es saugen wollte, kippte es um. Es ist ein Hengstfohlen, und es sah wunderschön aus – nur Beine, Beine und ein süßes Köpfchen drauf. Es hat ruckzuck alles aufgeholt und nur noch gesoffen.

"Look at me" heißt mein zweites Fohlen jetzt. Mittlerweile ist es sehr stattlich geworden.

Das war alles so aufregend und interessant für mich, daß ich mich jetzt auch verstärkt mit Zucht, Stammbäumen und ähnlichem beschäftige.

"Look at me", das Fohlen von Waldfee, ist sehr zutraulich und schaut mit einem Auge schon genau in die Kamera.

Wer interessiert sich schon für Dressurreiterei?

Unser größtes Problem bei den Dreharbeiten war, den Film so zu gestalten, daß er nicht nur den Pferdeliebhabern gefällt, sondern möglichst auch vielen anderen Zuschauern. Die Serie **"Rund ums Pferd mit Nicole Uphoff"** will den Fernsehzuschauern Pferde und besonders den Dressursport näherbringen. Doch das ist leichter gesagt als getan. Wir Reiter und Reiterinnen vergessen oft, was andere Leute über Pferde denken und was sie eigentlich am Reitsport interessiert oder auch nicht interessiert. Wenn man sich umhört, muß man immer wieder feststellen, daß viele Menschen einfach ein bißchen Angst vor Pferden haben. Pferde sind große Tiere, die den Menschen meistens überragen. Der Umgang mit ihnen erscheint daher vielen wie eine Art Geheimwissenschaft. Dazu kommt, daß Reitsport für viele Menschen gleichbedeutend ist mit Springsport oder Galopprennen. Die Zuschauer wollen erleben, wie andere Menschen diese großen Tiere

zu sichtbaren Höchstleistungen bringen, sie völlig zu beherrschen scheinen. Einen Springwettbewerb hat jeder schon mal im Fernsehen gesehen. Da können selbst Laien auf Anhieb verstehen, worum es geht: wenn die Stange runter fällt, gibt es Strafpunkte. Dabei rappelt es auch schon mal kräftig. Das ist spektakulär und man muß nicht viel davon verstehen. Entsprechend häufig werden Springturniere auch gesendet. Dann gibt es noch die Pferderennen, die immer beliebter werden. Auch hier ist es ähnlich. Ein Wettrennen ist immer spannend, geht schnell vorbei, und spätestens beim Zielfoto weiß jeder, wer gewonnen hat. Das Wetten um Geld macht diesen Pferdesport zusätzlich interessant.

Die Frage für mich und das Team war also von Anfang an:
Wie um alles in der Welt interessieren wir die Zuschauer für den Alltag der Pferde und die Dressurreiterei? Wir hatten uns damit offensichtlich einiges vorgenommen. Spätestens bei der zweiten Runde, die eine Dressurreiterin im Viereck reitet, schalten viele Zuschauer ab. Was sie sehen, ist ihnen schlicht zu langweilig. Die meisten Menschen können beim Dressurreiten nicht erkennen, was dort eigentlich vorgeht. Nicht umsonst heißt es: Man sieht nur das, was man weiß, und man liebt nur das, was man versteht. Die jahrtausendalte Kunst der Dressurreiterei ist vielen Menschen völlig fremd, wie eine unbekannte Sprache.
Unser Ehrgeiz war, daran wirklich etwas zu ändern. Die Zuschauer der Fernsehserie sollten lernen, ein wenig mehr als andere zu sehen und mit Genuß und Spannung eine Dressurprüfung verfolgen

Auch in früheren Jahrhunderten wurde schon klassische Dressur gelehrt. Die Dressurreiterei ist eine Kunst mit langer Geschichte.

zu können. Schon bei den ersten Gedanken zum Drehbuch hatte ich mir überlegt, daß es nicht reicht, immer nur Training und Prüfungen zu zeigen. Ich wollte auch das "normale" Pferdeleben in den Film

bringen. Denn bei der Dressur werden ja im Prinzip nur natürliche Bewegungsabläufe in eine Ordnung gebracht. Dressur ist nicht künstlich, sondern eine uralte Technik des Menschen im Umgang mit Pferden, die auf dem normalen Verhalten der Tiere aufbaut.

Als mir Nicole erzählte, daß sie neuerdings nicht nur Pferde ausbildet, sondern auch züchtet und sogar schon ein Fohlen hat, war mir sofort klar: das ist ein gutes Motiv für unseren Film.
Schon bald gab es eine gute Gelegenheit: Nicoles Fohlen sollte mit seiner Mutter Gina Reale auf einer Fohlenschau vorgestellt werden.
Bei dieser Gelegenheit wird ein Fohlen beurteilt und bekommt anschließend seinen Brand, das heißt das Zeichen seines

Der Mutter Gina Reale werden Zöpfchen geflochten. Sie stehen auch Pferden gut.

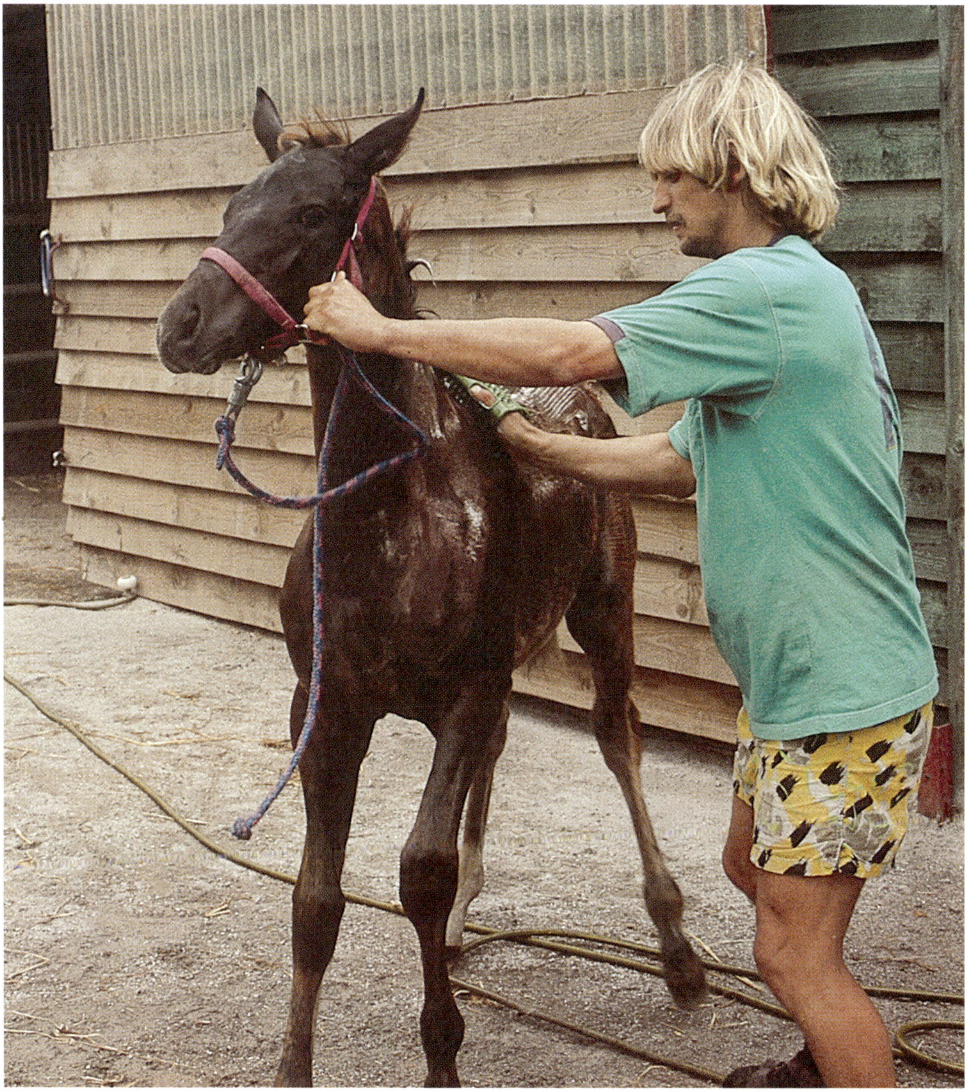

Das erste gründliche Schönheitsbad für Dark Whisper.

Zuchtgebietes. Nicoles erstes Fohlen, "Dark Whisper", war damals knapp ein halbes Jahr alt.

Wir hatten keine Ahnung, was mit dieser Fohlenschau alles auf uns zukam! Als wir bei Familie Heitzer in Süchteln ankamen, waren die Vorbereitungen schon im vollen Gange. Der Mutter Gina Reale wurden Zöpfchen geflochten. Dann kam das Fohlen an die Reihe. Nach einem gründlichen Bad unterm Wasserschlauch wurden die kleinen Hufe zum ersten Mal gefeilt. Man kann sich nicht vorstellen, wie aufregend das für ein Fohlen ist. Es wehrt

sich wie verrückt und veranstaltet dabei mit seinen langen dünnen Beinen die unglaublichsten Sprünge und Verrenkungen.

Glücklicherweise ist Herr Heitzer ein erfahrener Hufschmied, so das diese Aktion glücklich beendet werden konnte. Dann kam Nicole aus Warendorf angefahren, gerade im rechten Moment, um zum ersten Mal den kleinen Schweif des Fohlens zu beschneiden. Das ist ein uralter Brauch, ähnlich wie die Taufe. Die Personen, die das "Kleine" dabei festhalten und berühren, sind für den neuen Erdenbürger von besonderer Bedeutung. Wer als erster den Schweif des Fohlens beschneidet, ist so etwas wie der Pate des Tieres und soll ihm ein Leben lang verbunden bleiben. Nicole hatte symbolisch die Patenschaft übernommen. Für das Fohlen fängt damit der Ernst des Lebens an. Von einem Teil der Natur wird es zu einem mehr oder weniger ordentlichen Teil der menschlichen Kultur.

Dann fuhren wir zur Fohlenschau. Auch Nicoles Eltern kamen dazu. Es war ein richtiger Festtag für die ganze Familie. Nicole sollte ihre Stute und ihr Fohlen selber vorführen. Für mich war sehr erstaunlich, daß Nicole auf einmal sehr nervös wurde. Sie erkundigte sich bei allen möglichen Personen, wie man eine Stute mit Fohlen führt. Dann schaute sie sich die Vorgängerinnen in der Prüfung genau an und führte schließlich Mutter und Tochter sehr korrekt vor. Während der Vorstellung blieb sie aber unruhig und ungewohnt abweisend. Als ein Richter ihr einen Blumenstrauß überreichen wollte, nahm sie weder den Mann noch den Strauß richtig wahr. Ich begriff, daß dies keine Arroganz war, sondern daß sich Nicole wirklich äußerst unwohl fühlte, etwas zu tun, was sie nicht üben konnte und deshalb ihrer Meinung nach auch nicht perfekt beherrschte.

Nicole ist ein Mensch, der alle Dinge so gut und gekonnt wie möglich tun will. Für mich war zunächst völlig unklar, welches Problem eine erfahrene Reiterin damit hat, eine Stute und ihr Fohlen an der Hand zu führen. Erst langsam verstand ich bei dieser Gelegenheit, daß eine der Ursachen von Nicoles Erfolg in ihrer Ablehnung des Dilettantismus zu suchen ist. Sie strebt immer ruhig und zielbewußt die Perfektion an. In ungeplanten Situationen hilft ihr eine enorme Konzentrationsfähigkeit weiter. Sie wirkt dann wie abwesend. Das führt natürlich zu einem Verhalten, das flüchtige Beobachter als arrogant oder unnahbar mißverstehen können.

Was geschieht auf einer Fohlenschau?

Die Pferdezuchtverbände organisieren alljährlich auf Kreisebene Stuteneintragungen und Fohlenschauen. Auf diesen Veranstaltungen müssen die Züchter ihre Pferde genau nach Vorschrift auf einer dreieckigen Bahn in Schritt und Trab vor einer Richtergruppe vorführen. Die Richter vergeben dann Noten, von der besten Bewertung: 10 (ausgezeichnet) bis zur schlechtesten 0 (nicht beurteilt).
Bei der Bewertung werden folgende Eigenschaften der Pferde berücksichtigt: der Typ, das Gebäude (so nennt man die Figur des Pferdes), die Korrektheit und der Schwung des Ganges.

Richter bei der Arbeit: Welches ist das beste Fohlen?

Die Fohlen des neuen Jahrgangs sind bei der Fohlenschau höchstens ein halbes Jahr alt. Sie laufen mit ihrer Mutter. Die Stute wird an der Trense geführt. Für die Fohlen ist die Fohlenschau der erste öffentliche Auftritt und die erste offizielle Bewertung ihres Lebens.

Man kann grundsätzlich jedes Fohlen zur Fohlenschau bringen, nur werden die Fohlen ohne vollen Abstammungsnachweis in einer eigenen Gruppe gesichtet. Die Richter achten bei den Fohlen besonders auf den Gesamteindruck, die sogenannte Ausstrahlung. Das heißt, es wird bewertet, wie sich ein Fohlen zeigt, wie es auf den Betrachter wirkt. Es muß pfiffig gucken, sich gut präsentieren und vor allen Dingen schwungvoll in den einzelnen Gangarten sein. Die Wirkung eines Pferdes hängt schon beim Fohlen von der schwungvollen Bewegung ab. Es muß die Bewegungsabläufe anbieten, die später in der Dressur wichtig sind. Vor allem ein guter Schritt sollte angeboren sein. Er kann nur bedingt trainiert werden.

Die Gangarten des Pferdes

Das Pferd lebt aus der Bewegung. Erst in der Dynamik entfaltet es seine elementare Kraft und tänzerische Anmut.
Der Mensch hat im Gegensatz zum Pferd mit seinen zwei Beinen nur eine Grundgangart, eine rechts-links-rechts-links-Vorwärtsbewegung. Das Pferd hat mit seinen vier Beinen sehr viel mehr Variationsmöglichkeiten. Je nach Bedarf kann es seine Hufe in ganz verschiedenartiger Reihen-

folge und in unterschiedlichem Rhythmus anheben und aufsetzen. Das Pferd hat drei Grundgangarten: Schritt, Trab, Galopp. Viele, aber nicht alle Pferde, haben noch die Veranlagung zu einer vierten und fünften Gangart, dem Tölt und dem Paß.

Der Schritt

Der Schritt ist die langsamste Gangart des Pferdes. Schwere Kaltblüter sind ausgesprochene Schrittpferde.

Der Schritt ist eine Viertaktgangart mit regelmäßiger Bewegung und regelmäßigen Schrittabständen.

Die Fußfolge ist:

rechts-vorn, links-hinten, links-vorn, rechts-hinten, usw.

Im Schritt sind immer zwei oder drei Füße gleichzeitig auf dem Boden. Ein raumgreifender und taktvoller Schritt ist eine wesentliche Voraussetzung für ein erfolgreiches Dressurpferd.

Der Trab

Der Trab ist die Gangart, in der sich das Pferd in zügigem Tempo über große Strecken bewegen kann, ohne sehr zu ermüden.

Die Fußfolge ist:

rechts-vorn und links-hinten,

links-vorn und rechts-hinten, usw.

Das diagonale Beinpaar setzt gleichzeitig auf. Nach dem Abfußen folgt eine kurze Pause, in der sich alle vier Beine gleichzeitig in der Luft befinden. Das ist die sogenannte Schwebephase. Der Rhythmus entspricht einem Zweitakt.

Der Galopp

Der Galopp ist die schnellste Gangart. Er ist ein Dreitakt, dem eine Schwebephase folgt, bei der alle vier Beine für einen kurzen Moment in der Luft sind.

Wenn das Pferd mit dem rechten Vorderfuß weiter vorgreift, spricht man vom Rechtsgalopp. Greift das linke Vorderbein weiter vor, ist es ein Linksgalopp.

Die Fußfolge zum Beispiel im Rechtsgalopp ist: hinten links, hinten rechts und vorne links gleichzeitig, vorne rechts und dann die Schwebephase.

Der Paß

Einige Pferderassen, zum Beispiel die Islandpferde, und auch Einzeltiere haben noch die besondere Veranlagung zu einer vierten und/oder fünften Gangart, dem Tölt und dem Paß.

Diese Pferde gehen im Schritt wie alle Pferde, fallen dann aber im Trab in den Paßgang.

Beim Paß werden die Beine nicht diagonal gesetzt, sondern seitlich. Also zum Beispiel rechts-vorn und rechts-hinten gleichzeitig.

Der Rhythmus ist ein Zweitaktschlag, wie beim normalen Trab.

Der sogenannte Tölt ist ein Paßgang, der den Reiter besonders ruhig sitzen läßt und daher das Reiten im Gelände und über große Strecken sehr bequem macht.

Gangarten des Pferdes

Der Schritt

Der Trab

Der Rechtsgalopp

Der Linksgalopp

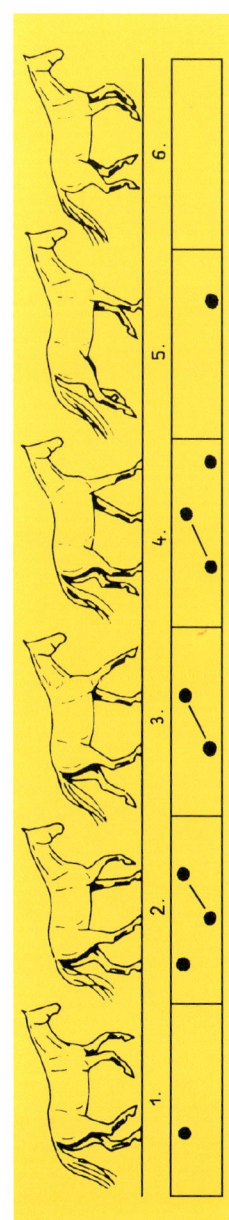

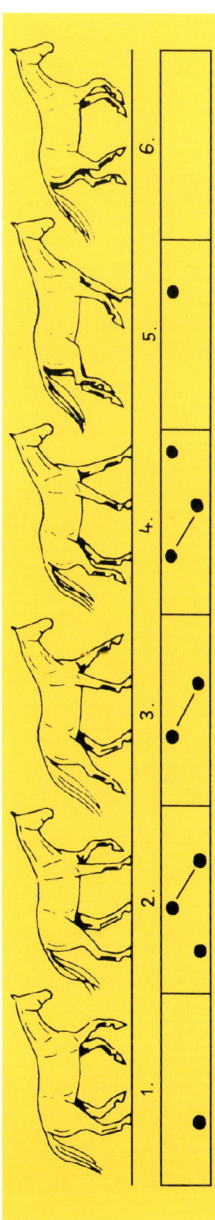

Pferdemenschen

Züchterin Marion Heitzer

Marion Heitzer ist Pferdezüchterin aus Leidenschaft. Besonders gut kennt sie sich mit Fohlen aus. Sie berichtet aus ihrer jahrelangen Erfahrung:

Fohlen sind wie kleine Kinder, die gehen überall dran, die beißen überall rein, die bewegen sich unkontrolliert. Die ganze Umgebung des Fohlens muß auf ihr unberechenbares Verhalten eingestellt sein. Das bedeutet zum Beispiel, daß die Box keine Verletzungsgefahren bieten darf.

Ein zweiter wichtiger Punkt ist die Ernährung. Darum muß man darauf achten, daß die Fohlen von Anfang an richtig trinken. Sie müssen ausreichend Nahrung zu sich nehmen. Dazu muß die Stute natürlich auch genügend Milch haben. In den ersten Wochen ernährt man das Fohlen ausschließlich über die Mutter. Man gibt der Stute ein spezielles Futter, wie zum Beispiel Möhren und Sojaschrot, in dem sehr viel Eiweiß enthalten ist. Normalerweise dürfte ein Pferd so ein Futter nicht in größeren Mengen fressen, aber es dient in diesem Falle dazu, die Milchproduktion voll in Gang zu bringen.

Pferdezüchterin Marion Heitzer mit ihrer Siegerstute Donata.

Noch gibt es nichts besseres als Muttermilch.

Als drittes ist die Bewegung sehr wichtig. Ich bin der Meinung, daß die Fohlen von Anfang an genügend Bewegung haben müssen. Das kann man natürlich steuern: indem man die Befruchtung so legt, daß die Fohlen zu einer Jahreszeit auf die Welt kommen, in der sie direkt nach draußen können, also möglichst spät im Frühjahr, im April oder Mai.

Dann können die Fohlen schon am ersten oder zweiten Tag nach der Geburt auf die Weide. Viele Züchter vernachlässigen solche Überlegungen und züchten die Fohlen so, daß sie große, kräftige Fohlen für die Fohlenschauen im Sommer haben. Diese Fohlen kommen manchmal schon im Dezember zur Welt, können aber dann nicht ins Freie und stehen drei Monate in der Box. Das ist meiner Ansicht nach ein sehr kurzsichtiges Verhalten. Die Sonne unterstützt das allgemeine Wohlbefinden der Fohlen und die Bewegung tut gut.

Weidefohlen sind ausgeglichener und widerstandsfähiger als Stallfohlen.

Auf der Weide muß natürlich für die nötige Sicherheit gesorgt sein. Spezielle Weidezäune verringern das Unfallrisiko.

Solche Zäune helfen Verletzungen zu vermeiden.

Sonst laufen die Fohlen leicht durch den Draht und haben gleich die ersten Sehnenschäden. Das ist oft genug passiert.

Dark Whisper mit seiner Mutter Gina Reale, der Halbschwester von Herrmann's Grand Gilbert.

Ab der sechsten Woche wollen die Fohlen schon selber fressen. Das ist ein wichtiger Moment. Man muß jetzt vorsorglich die Stuten und die Fohlen beim Fressen anbinden. So lernen sie, daß sie ihr seperates Futter bekommen.

Angebunden zu werden, ist für Fohlen überhaupt nicht selbstverständlich. Wenn ein Fohlen das erste Mal wahrnimmt, daß ein Widerstand da ist, wird es erst einmal versuchen, sich zu befreien. Das ist eine heikle Situation und man muß aufpassen, daß das Fohlen nicht in Panik gerät. Es muß lernen: die Mutter frißt für sich, und ich bekomme auch mein Futter.

Fohlen werden nach den ersten paar Wochen schon richtig frech, so daß man sie kaum noch bändigen kann. Deshalb ist es wichtig, daß sie so früh wie irgend möglich lernen, ein Halfter zu tragen. Nur mit Hilfe des Halfters hat man bei aufmüpfigen Fohlen eine Chance, sich durchzusetzen. Die Fohlen sollen von Anfang an lernen, daß sie sich unterordnen müssen. Dazu gehören auch regelmäßige Gehorsamsübungen, wie das Hochheben der Beine. Wenn die Hufe der Stute beschnitten werden, sollte man die Gelegenheit nutzen und die Hufe des Fohlens gleich mit korrigieren lassen. Beim Hufschmied lernen die Fohlen, brav die Beine zu geben. Wenn man solche Vorübungen vernachlässigt, geht es schnell richtig zur Sache: die Fohlen werden widerspenstig und versuchen zu kämpfen. Sie können

plötzlich sehr stark sein und treten nach hinten aus, oder steigen. Man glaubt nicht, welche Kraft Fohlen haben, die erst ein paar Wochen alt sind.

Mit Geduld setzt man sich durch. Wenn man früh genug damit anfängt, ist der Widerstand am geringsten.

Wenn dagegen Fohlen ohne direkten Kontakt zum Menschen aufwachsen, kann es sein, daß sie ein aggressives Wesen entwickeln. Dann haben die Züchter mit den Dreijährigen sehr viel Arbeit.

Züchter mit vielen Fohlen haben kaum Zeit für eine intensive Beschäftigung mit dem Nachwuchs. Sie stellen die Jungpferde drei Jahre lang auf die Weide und überlassen die Erziehung den Artgenossen. Das ist natürlich auch machbar. Nur ist dann der Übergang zur Reitausbildung wesentlich abrupter und macht viel mehr Arbeit.

Fohlen machen alles nach und lernen dabei.

Es ist immer wieder schön zu beobachten, wie die Stuten ihre Fohlen erziehen. Sie geben ihren Kindern eine ganze Menge mit. Dabei gehen sie ganz schön robust mit ihrem Nachwuchs um, beißen und treten auch manchmal, natürlich nie so fest, daß das Fohlen sich verletzt. Aber es wirkt manchmal sehr hart. Auf diese Weise zeigen die Mütter ihren Fohlen zum Beispiel, wo sie auf der Weide hindürfen oder wo sie nicht hindürfen. Die Fohlen lernen so die Rangordnung in der Herde kennen und müssen sich von Anfang an unterordnen.

Für mich sind diese ersten Monate und Jahre im Leben eines Pferdes der interessanteste Teil. Dieses Alter macht mir unwahrscheinlich viel Spaß. Mein Ziel ist

es immer wieder, Pferden das Vertrauen zum Menschen zu geben. Nur dadurch verläuft später der Übergang zum Reiten harmonisch. Die Pferde machen in dem Alter auch noch unwahrscheinlich mit. Vieles ist für sie spielerisch. Es geht nicht um Arbeit, sondern eigentlich nur um Vertrauen. Das ist ein gegenseitiges Geben. Da kommt kein Streß auf. Die Pferde merken Schritt für Schritt, daß es Spaß macht, wenn der Mensch sie fordert, aber nicht überfordert.

Wie kommt ein Fohlen auf die Beine?

Schau genau hin und überlege genau. Die Lösung findest Du im Anhang.

Vielleicht erst einmal vorne erheben?

Oder geht es so besser?

Oder ist Abzählen die richtige Methode?

Oder alle viere gleichzeitig?

*Hopp, da stehe ich.
Wer weiß, wie ich das
geschafft habe?*

**Die Lösung findest
Du auf Seite 136!**

*Und wenn die Beine schwer werden ...
einfach langsam runter
und fallen lassen.. Das ist dann kein
Problem mehr!*

Berti macht schon
früh auf sich auf-
merksam.

Ein Brief von
Marion Heitzer an
Nicole Uphoff.

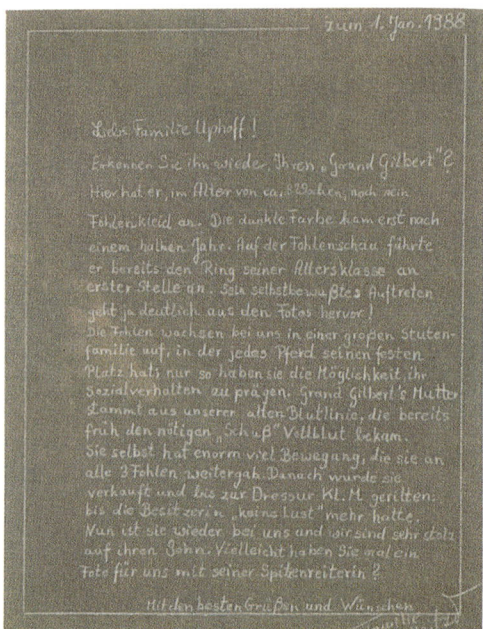

3. Familien-geschichten

Bertis Verwandtschaft

Die Familie von Herrmann's Grand Gilbert ist mir sehr vertraut. Das liegt daran, daß Donata, Bertis Mutter, und noch mehrere andere Pferde seiner Verwandtschaft im Stall meiner Freundin Marion Heitzer in Viersen stehen. Ich besuche meine Freundin immer gerne, denn sie züchtet nicht nur diese guten Pferde, sondern hat auch noch zwei ganz liebe Kinder und einen sehr netten Mann, der viel von Pferden versteht und unter anderem auch unser Hufschmied ist. Marion ist von Beruf Grafikerin. Als die Idee für das Buch aufkam, habe ich gleich an sie gedacht, und tatsächlich hat sie sich bereit erklärt, neben ihrer vielen Arbeit auch noch die Illustrationen zu machen. Also, alle Zeichnungen, die ihr in diesem

Buch findet, sind von Marion Heitzer. Ich finde, man sieht den Bildern an, daß Marion täglich mit Pferden umgeht.

Nun zur Familiengeschichte von Herrmann's Grand Gilbert: Donata, die Mutter von Berti wurde vor 15 Jahren bei Heitzers geboren und lief dann die ersten Jahre nur auf der Weide. Sie sollte als Zuchtstute genutzt werden und Fohlen bekommen. Als sie fünf Jahre alt und zum zweiten Mal tragend war, wurde sie an eine gute Freundin verkauft. Der Verkauf bezog sich aber nur auf die Stute und nicht auf das Fohlen. Dieses Fohlen war Herrmann's Grand Gilbert. Donata machte eine ganz respektable Karriere als Dressurpferd. Sie ist M- und S-Dressuren geritten worden.

Nach weiteren fünf Jahren rief diese Freundin bei Heitzers an und sagte, Donata kränkele immer so vor sich hin, und wenn sie nicht binnen kürzester Zeit einer kaufen würde, müßte sie zum Pferdemetzger. Heitzers hatten alle Boxen voller Pferde und waren zunächst ratlos. Als sie sich dann endlich entschlossen hatten, Donata trotz Platzmangel zurückzukaufen, war sie bereits beim Metzger. Es war ein Sonntag. Der Metzger wollte Bargeld sehen und Marion und ihr Mann Richie kratzten die letzten Pfennige zusammen. Dann fuhren sie mit einem Pferdehänger zur Metzgerei und schwatzten dem Inhaber Donata regel-

Der Vererber Glücksklee als Aktionstraber auf der Warendorfer Hengstparade '90.

recht wieder ab. Donata hatte zunächst noch nicht mal einen Stall und mußte erstmal auf die Weide. Trotzdem erholte sie sich sehr schnell.

Im Frühjahr wurde sie wieder von Glücksklee gedeckt, dem Vater von Herrmann's Grand Gilbert. Sie ist gleich tragend geworden. In ihrer Freude feierten die Heit-

zers eine riesige Fohlentaufe. Alle tranken Sekt, auch das Fohlen. Für Familie Heitzer war es eine große Freude, daß Donata wieder zu Hause war. Sie werden sie nie mehr hergeben. Das alles ist jetzt fünf Jahre her. Seitdem hat Donata jedes Jahr ein Fohlen bekommen. Alle diese Fohlen sind ausgezeichnet geraten.

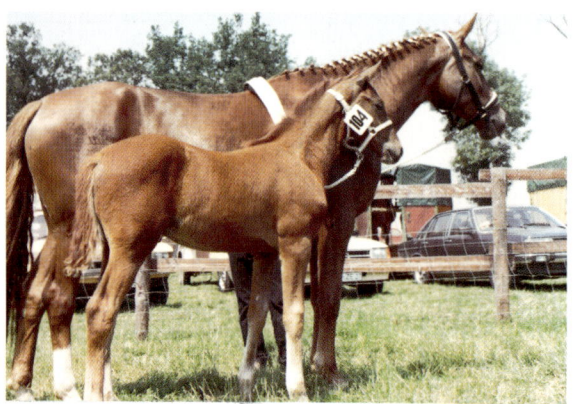

Auch Berti war mal klein. Herrmann's Grand Gilbert mit seiner Mutter Donata.

Donatas Siegerpokal.

			Grünspecht
		Grünschnabel	Grünspecht
	Grünhorn III		Ahnfrau
		Desiree	Ducker
Glücksklee			Fidele
		Damhirsch	Duft I
	Dorette		Majorin
		Doris	Ducker
Herrmann's Grand Gilbert			Friedchen
		Diplomat	Duft I
	Dilettant		Seeburg
		Cymbella	Cymbal
Donata			Axtpalme
		Dialog	Domänenrath
	Diana		Artistin
		Elke	Madjar XX
			Fanny

			Diskant
		Disput	Diskant
	Donnerwetter R.		Amselmärchen
		Melli	Matador
Donnerhall			Lilli
		Markus	Manolete XX
	Ninette R.		Harine
		Negola	Carnot
Dark Whisper			Negera III
		Grünhorn III	Grünschnabel
	Glücksklee		Desiree
		Dorette	Damhirsch
Gina Reale			Doris
		Dialog	Domänenrath
	Diana		Artistin
		Elke	Madjar XX
			Fanny

Auch Pferde haben Stammbäume. In diesen beiden Beispielen erkennt man die Verwandtschaftsverhältnisse der Familie von Herrmann's Grand Gilbert.

Donata ist eine sehr sensible, aber umgängliche Stute. Sie ist ruhig und lieb und neigt dazu, Ärger und Nervosität in sich hineinzufressen. Das hat ihr schon einmal Probleme gemacht, als sie bei der anderen Besitzerin krank wurde.

Pferde mit diesem Charakter werden oft verkannt. Sie provozieren manche Halter dazu, ungerecht draufzuhauen.

Glücksklee, der Vater von Herrmann's Grand Gilbert, und seine Nachkommen sind eher Angreifertypen. Dazu paßt gut die Ruhe von Donata. Sie hat einen ausgeglichenen Charakter, ist aber trotzdem leistungsbereit. So mache ich mir inzwischen meine Gedanken über den Nachwuchs und die Zucht. Meine Freundin Marion und ich sind ein gutes Team. Wir ergänzen uns in unseren Begabungen und jede hat ihren eigenen Schwerpunkt im Umgang mit Pferden.

Filmtagebuch

Wie filme ich eine Pferdegeburt?

Bei Dreharbeiten kommt es irgendwann zu einem kritischen Punkt, bei dem alles auf Messers Schneide zu stehen scheint und oft wirklich große Fehler gemacht werden. So war es auch bei unserem Film, und wir kamen dadurch in eine Situation, die den Charakter des Films sehr verändert hat. Ich wollte unbedingt die Geburt eines Fohlens in unserem Film zeigen und hatte alles gut vorbereitet. Ich verfügte über zahlreiche Adressen von Züchtern mit tragenden Stuten, Züchter, die bereit waren, mich das große Ereignis drehen zu lassen. Was sollte also schiefgehen? Ich war fest davon überzeugt, daß ich eine Geburt würde drehen können; wenn nicht bei der ersten, dann aber doch bei der zweiten oder dritten Gelegenheit. Ich lehnte es ab, die Aufnahmen von Pferdegeburten aus anderen Filmen zu verwenden. Ich war mir meiner Sache völlig sicher. Aber in diesem Falle hatte ich mich verrechnet, es sollte nicht klappen. Hinterher ist man immer klüger, und ich bilde mir heute ein, dazugelernt zu haben.

Aber wenn ich ehrlich bin, habe ich nur eins gelernt: Zuchtpferde sind in existentiell bedrohlichen Situationen, wie der Geburt eines Fohlens, ihren Vorfahren, den Wildpferden, wieder so ähnlich, daß sie auf geringste Signale der Gefährdung sofort reagieren. So kann sich bei "Gefahr" oder Unruhe selbst eine unmittelbar bevorstehende Geburt um Tage verschieben. Auf welchem Zusammenspiel von Instinkten und hormonellen Umstellungen das beruhen mag, ist nicht erforscht. Das Verhalten ist aber einleuchtend: Pferde sind dafür geschaffen, in einer weiten offenen Landschaft zu leben, in der sie bei Gefahr sofort fliehen können. Nur bei der Geburt entsteht ein kurzer kritischer Moment, in dem die Stute und das Fohlen nicht unmittelbar fliehen können – nicht umsonst stehen Fohlen kurz nach der Geburt schon das erste Mal auf ihren vier Beinen. Ich kann immer wieder nur staunen, wie mächtig und wohlberechnet die Instinkthandlungen der Tiere sind, auch wenn es in diesem Fall deutlich zu meinem Nachteil war, daß auch Zuchtpferde noch an den Fluchtinstinkten ihrer Vorfahren so großen Anteil haben.

Aber nun zu unserem Pech beim Drehen: Die erste Stute, die wir ausgewählt hatten, die Rolle der glücklichen Mutter zu spielen, stand auf einem wunderschönen Gut im Rheinland. Sie war hochtragend und ihre Betreuer erfahrene Pferdeleute. Wie hatten ein lückenloses Informationsnetz aufgebaut, das erst den Kameramann und dann mich informierte. Der erste Fehlalarm kam mit der Milch. An den Zitzen der Stute zeigten sich Milchtropfen und sie war merkwürdig unruhig. Als wir ankamen, tat sich jedoch nichts. Der

Kameramann Hugo und ich wollten die Nacht nicht sinnlos verstreichen lassen, also machten wir verschiedene Aufnahmen von der Stute, setzten vorsichtig Licht und harrten der Dinge, die da kommen sollten. Nichts geschah.

Wir reisten wieder ab. In der zweiten Nacht, in der wir gerufen wurden, gab es dasselbe Spiel. Diesmal verhielten wir uns noch ruhiger, aber ein wenig Licht mußte her, denn es war stockdunkel. Der Aufbau von Lampen ist in einer solchen Situation praktisch nicht zu verhindern. Die Stute schien ungerührt, sie fraß friedlich. Wieder nichts.

In der dritten Nacht kamen wir zu spät. Der Lichtkegel des Autos traf eine leere Box. Der Tierarzt war bereits dagewesen und hatte die Stute zu einem Kaiserschnitt in die Klinik gebracht. Stute und Fohlen waren wohlauf. Doch wir waren immer noch nicht weiter.

Von diesem Tierarzt kam dann der Tip, es doch einmal bei der staatlichen Pferdezuchtanstalt "De Bovenste Hof" in Brunssum (Holland) zu versuchen. In diesem Versuchsbetrieb gibt es nur sogenannte "späte" Fohlen, die im April und Mai geboren werden. Auf dem "De Bovenste Hof" experimentiert man mit einer möglichst "naturnahen" Geburt. Alle Fohlen werden draußen auf der Wiese geboren und bleiben dann gleich mit ihren Müttern dort. Das geht natürlich nur, wenn es schon einigermaßen warm ist. Es war Anfang Mai. Der Hinweis des Tierarztes erwies sich als richtig. In Brunssum waren drei Stuten kurz vor der Niederkunft und mindestens zehn weitere Geburten standen an. Hugo hatte andere Drehtermine, und so fuhr ich mit Walter und dem Assistenten Peter Beringhoff nach Holland. Wir wurden herzlich empfangen und in den Räumen der Pferdepflegerinnen einquartiert. Unter unseren Fenstern war die Weide mit den hochtragenden Stuten. Um ihren Bauch trugen sie alle einen Gurt mit einer Antenne auf dem Rücken, das sogenannte "birthalarm system". Wenn sich eine Stute hinlegt,

Antennen melden die bevorstehende Geburt.

sich also aus der vertikalen in die horizontale Lage bewegt, so löst diese Veränderung einen Alarm aus, den wir in unseren Zimmern empfangen konnten. Wir bauten wieder vorsichtig unsere Lampen auf und warteten. Doch wir wurden in Ruhe gelassen, und das mehr als uns lieb war: die erste Nacht, die zweite und auch noch die dritte. Der Besamungstechniker der Zuchtanstalt nahm großen Anteil an unserem Pech. Am dritten Tag kam er und erzählte von der Stute "Ramona", die ihr sechstes Fohlen erwartete, und deren Besitzer auf die Stunde genau die Geburt vorhersagen könne, da er bei allen fünf vorherigen Geburten seiner Stute dabei gewesen war. In unserer Verzweiflung ergriffen wir diesen Strohhalm. Wir fuhren zum Stall von Ramona.

Natursprung oder künstliche Besamung?

Meine Fohlen bekomme ich ganz alleine.

Sie zeigte tatsächlich alle Anzeichen einer unmittelbar bevorstehenden Geburt: Milchtropfen an den Zitzen, Schweiß an den Flanken und Unruhe. Wir bauten wieder vorsichtig unser Licht auf und beobachteten diesmal die Stute durch ein Loch in der Stallwand. Die Prognosen des Besitzers waren von beruhigender Eindeutigkeit: "Spätestens in zwei Stunden ist das Fohlen da", sagte er. Wir legten uns auf Decken ins Stroh und blieben vorsichtshalber direkt im Stall. Doch das Fohlen kam in dieser Nacht nicht zur Welt. Übermüdet und traurig schlürften wir am nächsten Morgen unseren Kaffee und fuhren zurück nach Deutschland.

In der Nacht nach unserer Abreise wurden auf dem "De Bovenste Hof" drei Fohlen geboren.

Ich habe mich offengestanden nicht wirklich darüber geärgert. Im Grunde haben diese Erlebnisse meinen Respekt vor Pferden deutlich erhöht und mein Verhältnis zu ihnen eher inniger gemacht: Sie sind eben nicht berechenbar wie Roboter, sondern ein pralles Stück Leben.

Die Befruchtung von geschlechtsreifen Stuten kann auf verschiedene Art und Weise durchgeführt werden. Die natürliche und traditionelle Besamung wird auch "Natursprung" genannt. Dazu stellt der Züchter zunächst einmal die "Rosse" seiner Stute fest. Stuten sind nur an bestimmten Tagen "rossig", das heißt befruchtungsfähig. Nur in dieser Zeit lassen sie einen Hengst in ihre Nähe, ohne ihn mit den Beinen heftig abzuwehren, das heißt "abzuschlagen".

Wenn die Stute einen Hengst abschlägt, ist dies für den Züchter ein Hinweis darauf, daß er mit der Befruchtung, dem Decken, noch warten muß. Nur eine rossige Stute duldet die Annäherungen und Zärtlichkeiten des Hengstes. Sie bleibt ruhig stehen. Um diesen Rossigkeitstest machen zu können, muß der Züchter die Stute ziemlich nah an den Hengst heranführen. Das ist nicht ungefährlich. Zur Sicherheit von Hengst und Stute findet deshalb solch ein Fruchtbarkeitstest immer an einer Mauer oder Bretterwand statt, welche die beiden Tiere trennt.

Wenn sich erwiesen hat, daß die Stute aufnahmebereit ist, wird ihr der Hengst

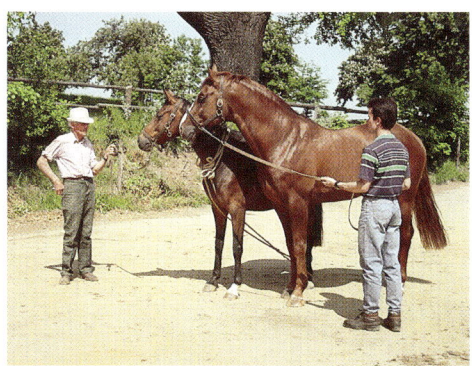

Der Deckhengst World Champ vom Rittergut Muthagen im Rheinland nähert sich zärtlich einer Stute.

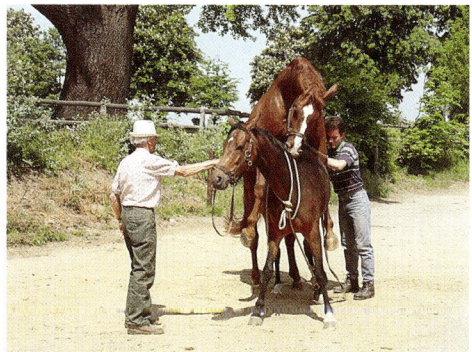

Er springt auf....

und deckt sie.

zugeführt. Der Züchter hält seine Stute an der Hand, lose Stricke werden um die Hinterbeine gelegt. Die Stute kann sich dann nicht mehr ganz frei bewegen. Das dient als Sicherheitsvorkehrung für die Stute, den Hengst und den Züchter. Sobald Hengst und Stute sich sehr nahe sind, nehmen sie über den Geruch und über zärtliches Knabbern Kontakt miteinander auf.

Wenn der Hengst erregt ist, springt er auf die Stute und besamt sie.

Das klappt nicht immer direkt beim ersten Mal. Daher muß der Deckakt oft mehrmals wiederholt werden, entweder sofort oder in der nächsten Rosse der Stute.

Neben dieser natürlichen Befruchtung gewinnt auch in der Pferdezucht die künstliche Besamung immer größere Bedeutung.

Zur künstlichen Befruchtung wird der männliche Samen tiefgekühlt in flüssigem Stickstoff aufbewahrt. Zur Befruchtung sind nur sehr kleine Mengen Samen nötig. Er wird in kleinen Röhrchen gelagert, die mit dem Namen des jeweiligen Hengstes gekennzeichnet sind. Soll eine Stute befruchtet werden, nimmt man ein Röhrchen aus dem Stickstofftank und erwärmt es. Der erwärmte Samen wird auf eine Spritze aufgezogen. Dann führt ein Besamungstechniker den Samen in die Scheide der Stute ein. Natürlich muß die Stute auch bei der künstlichen Besamung rossig, das heißt befruchtungsfähig sein. Auch vor einer künstlichen Besamung wird deshalb ein Rossetest durchgeführt. Die künstliche Besamung – in der Rinder- und in der Schweinezucht fast ausschließlich angewendet – nimmt auch in der Pferdezucht zu.

Durch dieses Verfahren gibt es weniger Infektionen bei Hengst und Stuten als beim natürlichen Deckakt. Alles kann unter kontrollierten hygienischen Bedingungen ablaufen.

Die künstliche Befruchtung birgt aber auch Gefahren. Immer weniger Hengste haben immer mehr Nachkommen. Die Vielfalt der genetischen Information verringert sich. Einzelne Hengste werden über die künstliche Besamung zu stark ausgenutzt. Sie vermehren sich so stark, daß ihr Erbe eine ganze Generation von Pferden durchsetzt. Nun ist es in der Zucht so, das nachteilige Erbanlagen in der ersten Generation häufig nicht in Erscheinung treten, aber in der zweiten Generation umso deutlicher sichtbar werden. Dann ist es für eine Korrektur zu spät. Früher war durch eine Vielzahl von Deckhengsten gewährleistet, daß Vererber mit verborgenen Mängeln keine großen Schäden anrichten konnten.

Die Pferdezuchtverbände sollten dafür Sorge tragen, daß trotz der künstlichen Befruchtung die Vielfalt der Erbanlagen erhalten bleibt.

Der Vererber Glücksklee, Herrmann's Grand Gilberts Vater

Der Westfale Glücksklee ist schon seit 1979 im Deckgeschäft. Er hat daher auch eine große Zahl von Nachkommen, die zum großen Teil schon erwachsen sind und Erfolge im Dressur- und Springsport zu verzeichnen haben. Über die Nachkommenschaft eines Deckhengstes und deren sportliche Leistungen wird genau Buch geführt.

So kann man nach einigen Jahren recht genau feststellen, wie gut ein Hengst seine

Das Portrait vom Erfolgsvererber Glücksklee.

Anlagen weitergibt, und ob er zum Beispiel mehr Spring- oder mehr Dressurpferde hervorbringt. Je länger ein Hengst im Deckgeschäft ist, desto genauer kennt man seine Fähigkeiten als Vererber. So gesehen ist es immer ein gewisses Risiko, sich für einen jungen Deckhengst zu entscheiden, der noch keine bewährten Nachkommen hat. Die statistischen Aufzeichnungen in den Jahrbüchern Zucht und Sport der Deutschen Reiterlichen Vereinigung sind daher für Züchter außerordentlich interessant. Sie können mit Hilfe dieser Informationen viel leichter entscheiden, ob ein bestimm-

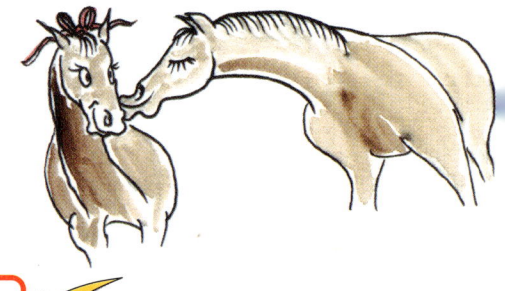

ter Hengst vielleicht zu ihrer Stute passt. Der Vererber Glücksklee hat sich als Vater bewährt. Das läßt sich inzwischen eindeutig sagen, und das nicht nur auf Grund seines Starsohnes Herrmann's Grand Gilbert. Jedes Jahr wird er auf der Warendorfer Hengstparade als Aktionstraber vorgestellt.

Pferdemenschen

Zuchtexperte Klaus Miesner

Deckhengst Glücksklee vor dem Hengststall im Nordrhein-Westfälischen Landgestüt in Warendorf.

Er ist insgesamt ein deutlich positiver Vererber. Das zeigt sich sowohl in den Gewinnsummen seiner Nachkommen als auch in den allgemeinen Zuchtwerten. Er zeugte eine talentierte Nachkommenschaft in den beiden sportlichen Disziplinen Dressur und Springen. Sein Zuchtwert Dressur liegt deutlich über dem Durchschnitt.

Züchter können nach diesen Werten davon ausgehen, daß er die Dressurveranlagung weitergibt. Aber man macht auch keinen Fehler, wenn man Glücksklee als Springpferdevererber einsetzt. Auch in diesem Bereich haben seine Nachkommen gute Erfolge.

Klaus Miesner ist Geschäftsführer des Bereiches Zucht der Deutschen Reiterlichen Vereinigung (FN). Er meint dazu: Früher war die Fortpflanzung in kleinen überschaubaren Einheiten organisiert. Jeder Bauer, der nebenher noch ein oder zwei Zuchtstuten hielt, hatte in der Nähe eine Deckstation mit ein bis zwei Deckhengsten. Dort ließ er seine Stuten decken.

Künstliche Besamung gab es damals nicht. Die Pferdezucht war sehr traditionsgebunden und regional bezogen. In den vergangenen 15 Jahren verzeichnen wir eine deutliche Zunahme der künstlichen Besamung, die vor allen Dingen in den letzten fünf Jahren explosionsartig zugenommen hat. Das hat mehrere Gründe: Die Zuchtverbände sehen in der künstlichen Besamung eine Chance, ihr Zuchtziel zu verbessern. Sie können genetisch hochwertige und leistungsbetonte Hengste vermehrt einsetzen und einer größeren Zahl von Stuten zugänglich machen. Darüber hinaus sind durch die künstliche Besamung die hygienischen Bedingungen auf den Stationen und auch im Zuchtbetrieb deutlich verbessert worden.

Das Ganze birgt aber auch Gefahren in sich. Das heißt, die künstliche Besamung ist da kritisch zu bewerten, wo sie die Tendenz zu Modehengsten verstärkt. Einige Züchter wollen unbedingt bestimmte populäre Hengste für ihre Zuchtstuten haben. Da entsteht natürlich die Gefahr, daß sich in der Gesamtzahl der Pferde enge verwandtschaftliche Verhältnisse einstellen. Der Inzuchtgrad steigt weiter an. Gleichzeitig verliert die traditionelle Beratung der ländlichen Züchter auf den Deckstationen an Bedeutung.

Herr Miesner bestätigt auch die Erfahrungen von Frau Heitzer zum Thema Fohlenaufzucht:

Das Pferd ist ein Bewegungstier. Besonders Fohlen müssen sehr früh Gelegenheit bekommen, sich frei zu bewegen. Sie sollen ihrem ausgeprägten Bewegungsdrang nachkommen können.

Insofern ist es natürlich sehr schön, wenn die Fohlen im Frühjahr zur Welt kom-

Gemeinsam fühlen wir uns wohl.

men, so daß man schon in den ersten Wochen Stuten und Fohlen stundenweise auf die Weide lassen kann. Da Pferdezucht für viele Züchter ein ganz normaler gewinnorientierter landwirtschaftlicher Betriebszweig ist, spielen auch finanzielle Überlegungen eine Rolle. Das führt leider manchmal dazu, daß Stuten ohne Beachtung der Jahreszeiten gedeckt werden. Es gibt teilweise recht spät im Jahr geborene Fohlen, die in der Winterperiode zur Welt kommen. Dann ist es natürlich sehr schwer, diese Fohlen nach ein oder zwei Wochen auch mal auf die Weide zu lassen. Diese Entwicklung ist meines Erachtens sehr zu bedauern.

Die traditionelle Aufzuchtmethode, bei der Stute und Fohlen raus auf die Weide und in die Sonne geschickt werden, ist die beste. Wind und Wetter ausgesetzt, werden die Fohlen robust und widerstandsfähig gegen Krankheiten.

4. Charakter-darsteller

Nicoles Notizheft

Wie ich ein Pferd beurteile

Wenn meine Eltern und ich ein Pferd kaufen, dann habe ich mich bisher kaum für die Abstammung der angebotenen Pferde interessiert. Ich weiß, daß einige Leute davon sehr viel Ahnung haben und sich auch dementsprechend nach Stammbäumen, sportlichen Erfolgen und anderen Zuchtdaten richten. Das macht sicher Sinn, aber für mich hat das bisher keine Rolle gespielt. Ein Beispiel für meine Art, ein Pferd zu beurteilen, ist vielleicht der Kauf von Herrmann's Grand Gilbert, durch den ich ja letztlich auch meine Freundin Marion Heitzer kennengelernt habe.

Meine Eltern und ich haben Berti gekauft, als er vierjährig war. Bei einem Pferdehändler standen zwei Pferde zur Auswahl, einmal der Halbbruder von Remmi und einmal Berti, beide vierjährig. Der Halbbruder von Rembrandt Borbet, Romadour II, sah Remmi wirklich sehr ähnlich. Durch seine nahe Verwandtschaft mit Rembrandt Borbet konnte man annehmen, daß er vielleicht genauso gut oder sogar besser als Remmi werden könnte. (Was es ja eigentlich gar nicht geben kann!) Aber es ist immer dasselbe bei mir: die Augen gefielen mir nicht. Also habe ich mich, ganz zum Mißfallen meiner Eltern, auf den Romadour II erst gar nicht draufgesetzt. Und das nur wegen seiner Augen! Schon ziemlich verrückt, ich weiß. Berti habe ich dagegen sofort geritten. Ich war hellauf begeistert. Er war so wahnsinnig

„Berti" als junger Hengst. Noch ist er ein heller Fuchs.

Juli '93
M. Heitzer

weich zu sitzen. Ich höre mich noch sagen: "Mensch, das ist ja ein Gefühl wie auf dem Sofa." Dann haben meine Eltern und ich viel hin und her überlegt. Meine Eltern wollten natürlich den Romadour II kaufen, weil er Rembrandt Borbet so ähnelt, aber ich wollte unbedingt Berti haben. Schon damals hatte ich spontan Vertrauen zu Herrmann's Grand Gilbert, zu dieser Zeit noch "Garcon" genannt. Für einen vierjährigen Wallach war er doch sehr lieb. Manchmal zeigte er sich zwar ein bißchen kernig, aber nie wirklich gefährlich. Ich bin da oben bei ihm auf dem Rücken nie in Schwierigkeiten geraten.

Letztlich habe ich meinen Wunsch bei meinen Eltern durchgesetzt, und ich habe Glück gehabt. Herrmann's Grand Gilbert ist heute, sechs Jahre später, auf dem besten Wege, mein erstes Pferd zu werden. Ich gebe zu, die Entscheidung war nicht sehr begründet, aber diese Geschichte zeigt mir doch, daß es in erster Linie auf die Harmonie von Reiter und Pferd ankommt, und dazu muß erst die Voraussetzung da sein. Man muß sich wirklich mögen. Es stehen einem schließlich Jahre der täglichen Zusammenarbeit bevor.

Außer den Pferden aus den deutschen Zuchten gibt es noch eine andere Pferderasse, die ich sehr gern mag: die Lusitanos. Die Lusitano-Pferde sind nach dem alten römischen Provinznamen für das heutige Portugal benannt: Lusitania. Diese portugiesische Pferderasse habe ich durch meine Freundin Nicola kennengelernt. Sie

In allen Sätteln gerecht: Nicole beim Reiten im Westernstil.

hat den deutschen Lusitano-Club gegründet, bei dem ich auch stolzes Gründungsmitglied bin. Lusitanos sind ganz anders, als wir Pferde gewohnt sind. Ihre Spezialität sind die Piaffe, die Passage und die

Nicole reitet einen Lusitanohengst.

Pirouetten; alle versammelten Lektionen. Ich finde das wahnsinnig interessant.

Dann interessiere ich mich auch noch für das Westernreiten und die amerikanischen Pferderassen, die dafür ausgebildet sind, wie zum Beispiel die Quarterhorses. Die Westernreiter machen auch richtige Turniere mit den tollsten Aufgaben für die Pferde. Sie müssen aus vollem Galopp plötzlich stoppen und ähnliche Übungen ausführen, die aus der Tradition der Cowboys stammen. Ich durfte mal ein national und international sehr erfolgreiches Westernpferd mit dem Namen "Jae Bar Fox" reiten. Fliegende Wechsel waren mit diesem Pferd ganz leicht. Ich hab es bis zu Zweiertempi geschafft. Ich brauchte nur ganz leicht im Sattel das Gewicht zu verlagern und dann ist das Pferd schon umgesprungen. Faszinierend! Solche Ausflüge zu anderen Pferderassen und Reitstilen finde ich für meine Arbeit sehr anregend.

Auf Landgestüten zu Besuch

Beim Besuch auf einem Landgestüt kann man viel über Pferde und ihre Haltung lernen. Nach einer Beratung mit Susanne Hopmann entschied ich mich als Drehorte für das Haupt- und Landgestüt

Marbach: seit Jahrhunderten gefüllte Futterkammern.

Marbach (staatlicher Zuchtbetrieb des Landes Baden-Württemberg) und das Nordrhein-Westfälische Landgestüt in Warendorf.

Marbach liegt mit seinen Höfen und Stallungen auf der Hochfläche der schwäbischen Alb, weit entfernt von großen Städten und Industrieansiedlungen. Typisch für diese Landschaft sind die wei-

ten Trockentäler und die bewaldeten Hügel. Beim Blick auf die langgestreckten Wiesen stellt man sich spontan einen Schäfer mit seiner Herde vor, und tatsächlich ist die Schafzucht hier sehr verbreitet und nimmt weiter zu. Der steinige karge Boden ist für den Ackerbau wenig ergiebig, dafür ist der Jurakalk als Weideuntergrund ideal. Fohlen, die hier aufwachsen, bekommen starke Knochen – jeder Reiter weiß, wie wichtig das ist. Die Marbacher Gestüthöfe selbst sind

Marbacher Hengste vor ihrem Stall.

großzügig in die Hügellandschaft eingebettet. Alte Bäume zeugen von der langen Geschichte der Pferdezucht im ältesten deutschen Staatsgestüt. Über 500 Jahre läßt sich die Pferdezucht an diesem Ort zurückverfolgen. Man sieht und spürt es auf Schritt und Tritt. Für Fotos und Filmaufnahmen kann man sich kaum einen schöneren Ort vorstellen. Es war Hochsommer, als wir ankamen. Die Sonne machte auch die Pferde auf der Weide müde, und so entschlossen wir uns, den Auslauf der Hengste im Morgennebel aufzunehmen. Die Tore des Stalles öffneten sich und eine große Herde galoppierte über die Bergkuppe auf uns zu. Mir blieb schlicht die Luft weg bei diesem Anblick. Im Stutenstall trafen wir eine der wenigen Frauen, die in einem staatlichen Gestüt festangestellt sind: die Gestütoberwärterin Karin Kollmannsberger.

Aufgalopp einer Marbacher Hengstherde im Morgennebel.

Festangestellt an einem Staatsgestüt:
Karin Kollmannsberger.

Das Gestüt Marbach hat überwiegend weibliche Auszubildende. In den alten Bundesländern kann man nur hier den Beruf der Pferdewirtin erlernen. Alle anderen Staatsgestüte bilden ausschließlich junge Männer aus. Sie halten nach wie vor an der Vorstellung fest, daß die Berufe in einem Landgestüt auf Männer beschränkt bleiben sollten.

Vier verschiedene Pferderassen werden in Marbach gezüchtet:

– das **Deutsche Reitpferd** als Warmblut mit hohem Trakehneranteil,
– der **Schwarzwälder Fuchs**, ein Kaltblutpferd, das wieder vermehrt zum umweltschonenden Bäumerücken bei der Waldarbeit eingesetzt wird,
– die **Haflinger**, vor der Kutsche und unter dem Sattel sehr beliebt, und
– die edlen **Vollblutaraber** als große Attraktion für Besucher aus aller Welt.

Ein Schwarzwälder Fuchs in voller Pracht, die typische Marbacher Kaltblutzucht.

Edle Araberpferde locken viele Besucher in das Haupt- und Landgestüt Marbach.

Will man die Marbacher Gestüthöfe er- wandern, muß man gut zu Fuß sein. Sie liegen weit auseinander und sind von rie- sigen Weiden umgeben, so daß alle Pfer- de vom Stall aus den direkten Auslauf auf die Weide haben. Eine vorbildliche Lö- sung. Aber auch ein Blick in die Ställe lohnt sich. Wir hatten Glück und konnten mit der Kamera beobachten, wie die halb- jährigen Hengstfohlen, die sogenannten Absetzfohlen, von ihren Müttern weg in den großen Hengstfohlenstall gebracht wurden. Dieser höchst kritische Moment im Leben der Fohlen lief hier in aller Friedlichkeit ab. Im Fohlenstall, einem hellen Raum, größer als zwei Reithallen, waren bereits einige Dutzend Hengst- fohlen versammelt. Es herrschte ein erstaunlich friedliches Miteinander; höch-

stens hier und da mal eine kleine War- nung, wenn ein Hengst dem anderen zu nahe kam. Kurze Unruhe entwickelte sich immer nur dann, wenn ein neues Hengst- fohlen dazu kam. Je nach Temperament und Selbstbewußtsein ging es sofort an den anderen vorbei, oder es wurde erst- mal mit einer deutlichen Drohgebärde verjagt. Doch dann herrschte wieder Ruhe.

Man kann viel lernen hier in Marbach, und die Besucherregelungen sind erstaun- lich großzügig. Besucher dürfen zum Bei- spiel die Stallungen besuchen, und auch im eigens eingerichteten Gestütmuseum wird ihnen einiges geboten. Um es in der Sprache eines Restaurantführers auszu- drücken: Marbach ist nicht nur einen Um- weg, Marbach ist eine Reise wert.

Das Nordrhein-Westfälische Landgestüt in Warendorf bietet im Vergleich zu Marbach weniger landschaftliche Attraktionen. Dafür sind die züchterischen Erfolge dieses

Historische Toreinfahrt zum Nordrhein-Westfälischen Landgestüt in Warendorf.

Landgestüts überragend, gerade in den letzten Jahren. Der Vater von Herrmann's Grand Gilbert, Glücksklee, steht als Deckhengst in Warendorf. Rembrandt Borbet (Romadour II – Angelo xx) ist westfälisch gezogen, genauso wie Ganimedes (Grünhorn II – Fidalgo xx) von Monika Theodorescu. Otto Becker wurde 1990 mit der westfälisch gezogenen Stute Pamina (Polydor – Frühwein) Deutscher Meister. Diese Liste ließe sich ohne weiteres um hochkarätige Namen erweitern.

Spitzensportpferde sind aber nicht das alleinige Zuchtziel. Ein unkompliziertes leicht zu handhabendes Reitpferd steht im Vordergrund züchterischen Interesses.

Während früher das landwirtschaftliche Arbeitspferd die Zucht dominierte, orientiert man sich heute ausschließlich an der Zucht wertvoller Reitpferde.

Adrett gekleidete junge Männer sieht man im Landgestüt. Sie tragen eine graue Dienstbekleidung. Das Landgestüt macht einen sehr gepflegten Eindruck, die Stallgassen sind sauber gefegt. Die Stallungen insgesamt sind in einem tadellosen Zustand. In einem solchen Umfeld können sich die wertvollen Zuchthengste durchaus wohlfühlen.

Wir baten Landstallmeister Dr. Lehmann um die Vorstellung typischer Zuchthengste des Warendorfer Landgestüts für unseren Film. Dr. Lehmann stimmte zu und organisierte eine Hengstvorstellung auf dem traditionsreichen Rondell, das umgrenzt ist vom Stall I, dem Kantinengebäude und dem Landstallmeisterhaus. Die Vorstellung war perfekt organisiert. Die Gestütbeamten führten die Hengste in Schritt und Trab vor und stellten sie dann für die Kamera in die klassische korrekte Position. Und das war nicht immer einfach! Für die Augen des Kamerateams sah alles sehr eindrucksvoll und korrekt aus. Jedes Detail stimmte. Das ging so weit, daß die Gestütwärter in Größe und Gewichtsklasse (Kaliber) passend zu den Hengsten, die sie an der Hand führten, ausgesucht waren. Wir filmten jedes Pferd in verschiedenen Einstellungen. Plötzlich jedoch unterbrach Dr. Lehmann die Aufnahmen: "Ich bin nicht zufrieden. Die Hengste zeigen nicht genug Pep!" Es war ein warmer Tag und die Vererber wirkten seiner Meinung nach müde. Mir waren die Pferde auch so noch temperamentvoll genug, aber Dr. Lehmann hatte entschieden und die Vorstellung begann erneut.

Mit bewährten Mitteln (siehe Seite 68) wurden die Hengste aufs Neue aufmerksam gemacht; und tatsächlich, sie sahen noch viel eindrucksvoller aus.

Landstallmeister Dr. Gerd Lehmann kontrolliert die Vorstellung seiner Hengste.

Vor den Dreharbeiten mit den Hengsten hatte ich mir noch überlegt, ob es nicht vielleicht für den Zuschauer leichter ist, die Unterschiede zwischen den einzelnen Rassen zu erkennen, wenn die Pferde direkt nebeneinanderstehen. Meine Idee erwies sich aber leider als nicht praktikabel. Immer dann, wenn die Hengste einen bestimmten "Sicherheitsabstand" voneinander unterschritten, konnte es zu gefährlichen Keilereien kommen. Also verabschiedete ich mich von dieser Idee und gab mich mit den schönen Einzelaufnahmen nordrhein-westfälischer Vererber zufrieden.

Pferderassen und ihre Eigenschaften

Die etwa 300 bekannten Pferdearten lassen sich unter den verschiedensten Gesichtspunkten ordnen. Sinnvoll erscheint eine Einteilung nach dem Zuchtziel, das heißt nach den Eigenschaften, die diese Pferde besitzen sollen. Das kann sein: Schnelligkeit, Kraft, Ausdauer, Schönheit, Charakterstärke, eine besondere Farbe oder Größe, je nachdem, was der Mensch dem Pferd an Aufgaben zugedacht hat.

Man unterscheidet grob die folgenden Rassen:
- **die Vollblutrassen**
- **die Warmblutrassen**
- **die Kleinpferderassen**
- **die Kaltblüter**

Vollblüter zeichnen sich durch Härte und Schnelligkeit aus. Das arabische Vollblutpferd ist der älteste Vertreter der anerkannten Vollblutrassen. Araber sind besonders gutmütig und belastbar. Sie eignen sich daher für die Freizeitreiterei, zum Wanderreiten und für Jugendliche. Das Englische Vollblutpferd läßt sich bis heute in seiner Erbanlage auf orientalische Vorfahren zurückführen. Die Englischen Voll-

blüter sind seit 200 Jahren nur auf Rennleistung gezüchtet worden. Durch diesen jahrhundertelangen Ausleseprozeß hat sich ein Typ mit harter Kondition und hervorragendem Gangvermögen herausgebildet. Der Begabungsschwerpunkt liegt im Galoppsport. Englische Vollblüter werden nur als solche anerkannt, wenn ihre Vorfahren lückenlos auf den ersten Band des "General Stud Book" von 1793 zurückgehen. In Deutschland werden die Vollblüter oft eingesetzt, um andere Pferderassen zu veredeln. Die Traber gehören zur Vollblutrasse und sind Pferde, die in der Zucht aufgrund ihres guten Trabvermögens selektiert wurden. Sie zeichnen sich auch besonders auf kurzen Strecken durch ihre Schnelligkeit aus.

Die **Warmblüter** stellen die meisten Reitpferde in Deutschland. Ein gutes Reitpferd soll schwungvolle, raumgreifende und elastische Bewegungen haben und auf Grund seines Charakters gut zum Reiten geeignet sein. Während früher Reitpferde besonders für das Militär, die Landwirtschaft und die Industrie gezüchtet wurden, stellen Warmblüter heute ein attraktives Freizeitangebot dar und werden entsprechend fast ausschließlich als Sportpferde gezüchtet.

Gute Reitpferde sind die Trakehner, die aus Ostpreußen stammen, und die Pferde aus den verschiedenen deutschen Zuchtgebieten, wie zum Beispiel die Hannoveraner, die Westfälischen und Rheinischen Warmblutpferde, die Oldenburger, die Württemberger oder die Holsteiner usw. Das Warmblutpferd ist auf der Grundlage schwerer einheimischer Stuten gezüchtet worden. Je nach den wechselnden Anforderungen an Gebrauchspferde wurden die Warmblüter immer wieder mit Voll-

bluthengsten und ostpreußischen Warmbluthengsten veredelt.

Heute bewährt sich das Warmblutpferd als kräftiges, zuverlässiges und vielseitiges Reitpferd. Es erreicht auch im Spitzensport ein hohes Leistungsniveau.

Die **Kleinpferderassen** erleben in den letzten Jahren einen großen Aufschwung. Immer mehr Kinder beginnen ihre Reiterlaufbahn mit einem Pony, zum Beispiel einem Welsh Pony. Zuchtziele sind die Eignung der Kleinpferde für den Turniersport von Kindern und Jugendlichen, und bei einigen Rassen, wie den Haflingern, auch ihre allgemeine Eignung als Freizeitpferde, wie zum Beispiel als Kutschpferde.

Kaltblüter sind Pferde mit hohem Körpergewicht, die für den schweren Zug gezüchtet wurden. Durch die Mechanisierung in der Landwirtschaft ist das Kaltblutpferd fast ganz verdrängt worden. Aber auch Kaltblüter erleben eine Renaissance. Sie werden immer beliebter als Kutschpferde, und die Forstarbeiter besinnen sich wieder auf ihre Geschicklichkeit, auch noch im unwegsamen Gelände gefällte Bäume aus dem Wald holen zu können. Kaltblüter schonen den kostbaren Waldboden, den die schweren Traktoren der Waldarbeiter zusammenpressen und beschädigen.

Pferdemenschen
Dr. Gerd Lehmann

Borbet von Nicole Uphoff, den zwischenzeitlich schon viele Goldmedaillen zieren. Die Pferdezucht ist ohne Frage noch mit züchterischen Problemstellungen behaftet. Dies vorrangig deswegen, weil die Leistungsmessung nicht objektivierbar ist. Die Leistung eines Pferdes ist in hohem Maße abhängig vom Können des Menschen, der mit ihm umgeht.

Einige typische Vertreter der deutschen Pferdezucht sind die Deckhengste aus dem Nordrhein-Westfälischen Landgestüt in Warendorf.

Es sind dies:
Der Reitponyhengst "Nibelungenheld"

Dr. Gerd Lehmann berichtet:
Wir haben in der nordrhein-westfälischen Pferdezucht ein eindeutiges Zuchtziel, das auf ein optimal gestaltetes Reitpferd ausgerichtet ist. Dieses züchterische Wollen besteht seit etwa 30 Jahren. Eine solch lange Kontinuität hat es noch nie zuvor in der Pferdezucht gegeben. Es ist dies ein Positivum. Dieses ist die Grundlage der vielen Erfolge, die Pferdezüchter in Nordrhein-Westfalen haben. Ich erinnere hier beispielsweise an Rembrandt

Nibelungenheld ist ein typischer Vertreter seiner Rasse. Die Zucht der Reitponies spielt in Nordrhein-Westfalen eine große Rolle. Das Landgestüt ist bemüht, diese Zucht zu unterstützen. Nibelungenheld entstammt einer der besten Reitponystutenfamilien. Seine Kinder sind geeignet, jugendlichen Reitern einen guten Übergang zum Umstieg zu großen Pferden zu verschaffen.

Der Angloaraber "Monsieur AA"

Angloaraber sind seit langem im begrenztem Umfange in der Reitpferdezucht im Einsatz. Gerade in jüngerer Vergangenheit spielte der Halbblutangloaraber Ramses eine große Rolle. Er ist Ahn des Rembrandt Borbet der Nicole Uphoff. Wir sind derzeit bemüht, dieses Blut wieder vermehrt in unsere Rasse einzubringen. Mit Monsieur ist hoffentlich ein Glücksgriff gelungen.

sundheit, Leistungsfähigkeit, Härte und Reitqualität verbessern.

Der Westfale "Funkenspiel"

Der Westfale Funkenspiel ist im Jahre 1989 geboren und im Jahr 1991 Körungssieger seines Jahrganges gewesen. Er ist ebenfalls ein sehr typischer Vertreter seiner Rasse. Er verkörpert das Idealmodell des heute gefragten Reitpferdebeschälers.

Der Vollblüter "Northern Sound XX"

Auch Northern Sound ist ein typischer Repräsentant seiner Rasse. Er vereint die wertvollsten Blutströme, die heute weltweit gezüchtet werden. Vollblüter sind dazu da, Veredelungsimpulse in die Reitpferdezucht einzubringen. Sie sollen Gesundheit, Leistungsfähigkeit, Härte und

Der Rheinländer "Ehrentusch"

Der Rheinländer Ehrentusch ist in seiner Aufmachung etwas kalibriger. Er ist sehr dynamisch und hat eine überaus interessante Abstammung. Es zeichnet sich ab, daß Ehrentusch seine hohe Reitveranlagung den Kindern weitergibt.

Der Kaltblüter "Herzbube"

Kaltblutpferde spielten früher hierzulande eine dominierende Rolle. Ihre Zahl ist sehr stark zurückgegangen. Der Motor hat sie aus der Landwirtschaft verdrängt. Glücklicherweise sind wir dank einer Entscheidung, die in Düsseldorf gefallen ist, in der Lage, zehn Hengste dieser Rasse zu halten. Das Kaltblutpferd findet gegenwärtig in der Waldwirtschaft und in der "Ferienindustrie" Planwagenfahrten Verwendung. Es dient Brauereien zu Repräsentationszwecken.

Hengste sollen ausdrucksstark und männlich aussehen. Ihr Temperament muß leicht beherrschbar und der Charakter sollte einwandfrei sein. Der Hengst soll von seinem Wesen her dem Menschen zugetan sein. Die Faktoren Temperament und Charakter spielen neben einer Vielzahl anderer Selektionskriterien bei der Auswahl von Zuchthengsten eine große Rolle.

Die Zuchtziele haben sich im Laufe der Jahrzehnte gewandelt. Das Interesse am Pferd ist unverändert geblieben. Vom Pferd geht eine besondere Faszination aus. Als Beweis dafür steht die Tatsache, daß sich immer mehr Menschen dem Pferd zuwenden.

Wie fotografiere ich ein Pferd?

Welche Pferde stehen richtig für die Kamera?

Kreuze an: ⃝ richtig ⃝ falsch

Kreuze an: ⃝ richtig ⃝ falsch

Kreuze an: ⃝ richtig ⃝ falsch

Kreuze an: ⃝ richtig ⃝ falsch

Die Lösung findest Du auf Seite 137!

Wie erreiche ich, daß ein Pferd korrekt steht und aufmerksam guckt?

Nachfolgende Bilder zeigen bewährte Methoden von erfahrenen Pferdemenschen.

Das heftige Auf- und Zuklappen eines möglichst kräftigfarbigen Regenschirms ist eine bewährte Methode, den Hengst munter zu machen und ihm einen angeregten Ausdruck zu verleihen.

Das Schütteln eines nicht zu kleinen Taschentuchs mit erhobenem Arm ist ebenfalls geeignet, Hengste munter zu machen.

Was macht dieser Mann mit der kleinen Shetlandstute? Vielleicht einen kurzen Abendspaziergang? Hier zeigt sich, daß es doch noch eine dritte, sehr wirksame Methode gibt, Zuchthengste in gute Laune zu versetzen. Die kleine Stute hilft direkt weiter...

5. Bewegung und frische Luft

Nicoles Notizheft

Beobachtungen am Weidezaun

Viele Leute denken: "Dressur, das ist gleich dressieren", und sie verbinden damit Zwang und Künstlichkeit. Das hat mich immer geärgert, und deshalb habe ich mich eines Tages in Ruhe an eine Pferdekoppel gesetzt und dann stundenlang einen jungen Hengst auf der Weide beobachtet. Das Ergebnis war wirklich verblüffend! Man kann nur staunen, was das Pferd von sich aus alles gemacht hat: Galoppirouetten, fliegende Wechsel, Rückwärtsrichten, Mitteltrab, Seitwärtsgänge und Schrittpirouetten – die ganze Palette meiner Lektionen. Für mich war das wirklich ein Beispiel, ein Zeichen dafür, daß wir den Pferden nichts Unnatürliches beibringen. Ich bin überzeugt,

das wäre auch gar nicht möglich. Wenn ein Pferd irgendwann etwas nicht kann, dann wird es auch kein Reiter in das Pferd hineinzwingen. Unsere Aufgabe ist es, den Pferden durch Lektionen zur Entwicklung ihrer natürlichen Veranlagungen zu verhelfen, so daß sie auf unsere Hilfen hin in einem ganz bestimmten Moment diese Bewegungen zeigen. Durch geschickte Arbeit ist es möglich, den Ausdruck der natürlichen Bewegungsabläufe noch zu steigern. Das ist die eigentliche Leistung! Bei mir kommen mittlerweile alle Pferde auf die Wiese. Es ist auch für mich ein Glücksgefühl, wenn ich weiß: meine Pferde haben gearbeitet und kommen jetzt raus. Und wenn dazu noch die Sonne scheint und ich sehe sie da im tiefen Gras stehen, dann bin ich wirklich zufrieden.

Ich glaube, gerade für Pferde, die etwas leisten müssen, ist das für den Kopf, für die gesamte Psyche unheimlich gut. Sie sehen mal was anderes und können sich wirklich entspannen.

Noch ein anderer Grund spricht für einen gelegentlichen Besuch am Weidezaun, das ist die verbreitete Unkenntnis vieler Reiter und Reiterinnen über den Umgang der Pferde untereinander. Deswegen wäre es gut, wenn wir uns immer wieder mal still an einen Weidezaun setzten, weidende Pferde unter sich beobachteten und nachschauten, wie sie miteinander umgehen. Dort sprechen sie ihre eigene Spra-

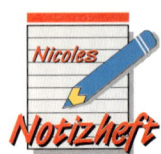

Ein Aufgalopp im Sand: Nicole mit Herrmann's Grand Gilbert beim Geländeritt.

che. Der Mensch, zu dem sie nun gehören, ist eigentlich ihr Leittier, das Alpha-Tier, wie die Wissenschaftler sagen, das aber artgemäß mit seinen Herdengenossen umgehen sollte. Das kann der Mensch nur in einer naturnahen Situation erlernen. Echte Wildpferde können wir ja leider nicht mehr beobachten. Pferde unterm Sattel erinnern mich nicht

an Wildpferde. Sie sind ganz und gar auf den Menschen fixiert. Wenn sie wirklich einmal frei sind, trotz Sattel und Reiter, sich wirklich ausbalancieren, mit dem Reitergewicht frei bewegen können, dann erst kommen die Bewegungen zustande, wie sie Pferde in der Freiheit auch machen. Das müssen alle Reiterinnen und Reiter anstreben.

Der Umgang mit Pferden besteht eben nicht nur aus dem Reiten selbst, sondern auch aus dem Umgang mit ihnen im Stall, auf der Weide. Das ist eine Form des Zusammenlebens mit Pferden.

Jeder Reiter muß dafür Sorge tragen, daß sein Pferd ausreichend Bewegung hat. Es kann nicht genügen, Pferde 23 Stunden in der Box zu halten, um sie dann eine Stunde in der Halle zu reiten.

Pferde brauchen keine "Stehtage", höchstens Reiter.

Ich reite alle meine Pferde regelmäßig im Gelände. Da gebe ich auch schon mal ein bißchen Gas. Natürlich ist es ein Risiko, so ein wertvolles Pferd in Wald und Feld zu bewegen. Aber es bringt auch viele Vorteile. Die Pferde werden ruhiger und gleichzeitig aufmerksamer. Sie lernen, sich auch in überraschenden Situationen zurechtzufinden. Sie werden trittsicher und geschickt.

Ich lege auch Wert darauf, daß die Pferde, wenn sie vom Turnier kommen, keinen Stehtag haben. Sie müssen einen Ausgleich bekommen, durch Weide, Paddock oder durch Führen. Sie müssen immer in Bewegung bleiben. Sie brauchen nicht jeden Tag volles Programm, aber regelmäßig einen gewissen Ausgleich.

Bei mir kommen alle Pferde zweimal am Tag 'raus. Die Folgen davon kann man beobachten, wenn man sich mal ruhig in den Stall stellt. Da kann man regelrecht hören, wie zufrieden die Pferde in ihren Boxen stehen. Kein Beißen an den Gitterstäben, kein Scharren und kein Treten gegen die Boxenwände ist zu hören.

Mit der Kamera auf der Lauer

Pferde auf der Weide, im Gegenlicht des heraufziehenden Morgennebels; Pferde, die in der frühen Sonne stehen wie Urwesen kurz nach dem ersten Schöpfungstag: Diese Bilder müssen einfach jedem gefallen... das dachten wir jedenfalls immer wieder beim Drehen, wenn wir selbst von der Schönheit der Situation ganz berührt waren. Mit Aufnahmen von Fohlen auf der Weide müßte man doch jeden Zuschauer für diese wunderbaren Tiere begeistern können. Wir waren deshalb sehr ehrgeizig mit unseren Weidebildern und haben keine Mühen gescheut, uns immer wieder auf die Lauer zu legen. Das hat viel Zeit gekostet und vor allem manche Tasse Kaffee aus dem Picknickkorb, morgens um vier Uhr. Insgesamt haben wir mindestens zehn Tage auf den Weiden verbracht. So schön diese Bilder später sein mögen: leicht aufzunehmen waren sie nicht.

Die ersten Erfahrungen sammelten das Kamerateam und ich auf den Fohlenweiden des "Bovenste Hof" in Holland. Auf diesem Hof wollten wir eigentlich

Junge Fohlen orientieren sich an den Müttern.

die Pferdegeburt drehen. Da das jedoch nicht klappte, nutzten Walter, der Tonmann, und ich die Zeit morgens früh auf der Fohlenweide. An Nachwuchs war dort kein Mangel. Jedes Jahr werden auf diesem Hof mindestens fünfzig Fohlen geboren.

Bei Sonnenaufgang gesellten wir uns zu der großen Herde Stuten, die mit ihren Fohlen auf den endlosen Weiden des "Bovenste Hofes" herumstreiften. Wir zählten etwa zwanzig Fohlen und genauso viele Mütter. Die Fohlen waren höchstens ein paar Wochen, oft erst ein paar Tage alt. Da Fohlen in diesem Alter noch sehr auf ihre Mütter fixiert sind, ließen sie uns in Ruhe. Später sollten wir solche braven kleinen Fohlen noch sehr schätzen

lernen – vom Problem des "Knabberns" an unseren kostbaren Geräten habe ich ja schon berichtet.

Drei Tage hatten wir wunderschönes Wetter, keine Wolke stand am Himmel. Die Sonne ging schon um vier Uhr früh mächtig auf und umhüllte alles mit ihrer Wärme. So schön das Wetter auch war, für das Kameraauge ist ein knallblauer Himmel alles andere als günstig. Ungefiltertes Sonnenlicht macht harte Schatten. Die Farben verlieren ihre Leuchtkraft. Doch hatten wir einen Vorteil: in der ersten Stunde nach Sonnenaufgang war das Licht wunderbar. Der Morgennebel verschleierte die ersten Sonnenstrahlen und verwandelte sie in milde weiche Lichtteilchen, die uns umschwirr-

Regisseurin Monika Kirschner bei der Fohlenbeobachtung.

ten. Wir saßen im Gras und schauten auf die Pferde. Es tat sich, oberflächlich betrachtet, nichts. Die Fohlen waren faul und ihre Mütter mit Fressen beschäftigt. Erst nach und nach fielen mir kleine Varianten im Verhalten auf: das eine Fohlen drückt sich immer an die Mutter, während ein anderes sich schon für die Gleichaltrigen interessiert. Doch dieser Unterschied beruhte wohl einfach auf einem Altersunterschied. Dann fiel mir auf, daß die Fohlen eine interessante Art haben aufzustehen oder sich hinzulegen. Doch bevor diese Beobachtung zu einer Aufnahme führen konnte, war das verzauberte Licht verschwunden und wir mußten aufhören zu drehen.

Am nächsten Morgen waren wir wieder da. Ich stellte fest, daß ich einige Fohlen und ihre Mütter wiedererkennen konnte. Wir bekamen auch einen Blick dafür, wann sich in unserem scheinbar ereignislosen Gruppenbild von Stuten und Fohlen kleine Ereignisse anbahnten: eine Stute, die ein fremdes Fohlen vertreibt, eine andere, die ihr eigenes Kind zärtlich "knutscht" und beknabbert. Wir entschlossen uns, nicht auf glückliche Zufälle zu warten, sondern ganz bestimmte Verhaltensweisen gezielt aufzunehmen. Für den Anfang nahmen wir uns etwas leichtes vor. Wir wollten drehen, wie ein Fohlen aufsteht – und zwar ohne daß es von uns aufgeschreckt wird, sondern einfach "live", ganz von alleine und aus eigenem Antrieb heraus. Bald kannten wir die Körperhaltung und den Gesichtsausdruck eines Fohlens, das munter wird, trinken oder sich bewegen will, und hatten bald einige schöne Aufnahmen von aufstehenden Fohlen. Ermutigt nahmen wir uns das nächste Motiv vor: ein Fohlen, das sich hinlegt. Das zu filmen erwies sich als weitaus schwieriger. Wenn ein Fohlen sich hinlegen möchte, kann man das am dösigen Blick und am müden Schwanken der Beine erkennen. Aber immer, wenn ein Fohlen sich hinlegte, war es entweder weit entfernt von uns oder durch andere Pferde verdeckt. Es war eigentlich klar, warum. Ein Fohlen legt sich nur nieder, wenn es sich ganz sicher und beschützt fühlt. Bei der geringsten Beunruhigung durch Fremde bleibt es stehen, um eventuell schnell weglaufen zu können. Schließlich gelang es uns, doch noch ein Fohlen aufzunehmen, das sich gerade hinlegte. Wir waren

Muttermilch ist doch die beste Fohlennahrung.

darauf sehr stolz – eine kleine Entschädigung für das ergebnislose nächtliche Warten auf eine Fohlengeburt.

Wenn wir die Herde aufgestört oder sonstwie in Unruhe versetzt hätten, wäre die Chance für diese Aufnahme nie gekommen. Walter hatte inzwischen herausgefunden, wie man den Morgennebel zu ganz besonders zarten Fohlenbildern nutzt. Mit einem starken Teleobjektiv bekamen die Pferdekörper im Gegenlicht der aufgehenden Sonne unscharfe flimmernde Ränder, einen Effekt, der normalerweise nur mit einem speziellen Filter, dem sogenannten "Weichzeichner", erreicht werden kann.

Am dritten Morgen war uns die Herde so vertraut, daß besonders viele schöne Aufnahmen gelangen. Wir hatten eine Menge über das Verhalten der Stuten und Fohlen gelernt und konnten manche Reaktionen regelrecht voraussagen. Wir entdeckten sogar so etwas wie eine Rangordnung unter den Stuten und den Ansatz dazu auch schon unter den Fohlen. Es gibt immer Stuten und Fohlen, die anderen den Vortritt lassen müssen, besonders saftiges Gras dürfen einige erfahrene und besonders starke Tiere zuerst genießen, die dieses Vorrecht dann aber auch an ihre Jungen weitergeben wollen. Das ist in mancher Hinsicht wie bei den Menschen, und wie bei den Menschen ist es immer wieder die Frage, ob die Übertragung des "Erbes" an Erfahrung und Prestige auf die jüngere Generation auch wirklich gelingt.

Auch Fohlen gehen nicht immer zimperlich miteinander um.

Die zweite Weidebeobachtung machten wir auf einem kleineren Hof in Norddeutschland bei einer Herde von sechs Stuten mit ihren halbjährigen Fohlen. Wieder begaben wir uns bei Sonnenaufgang mit dem Picknickkorb zur Weide. Für mich als Morgenmuffel und Spätaufsteher ist das immer eine ziemliche Zumutung – aber der Reichtum der Bilder, die wir drehen konnten, hat mich entschädigt. Im Grunde waren wir zu einer Art von Bilderjägern geworden, die im Frühnebel hinter ihrem Wild herpirschten. Schon von weitem sahen wir einige Pferde liegen und versuchten, uns vorsichtig zu nähern. Doch diesmal hatten wir uns vertan. Die kleinen Fohlen reagierten nicht so schnell, aber die Halbjährigen hatten schon ein ganzes Verhaltensrepertoire von Flucht- und Angriffsreaktionen aufgebaut. Niemals bekamen wir die Chance, eines dieser Fohlen liegend aufnehmen zu können.

Unser Erscheinen innerhalb des Weidezauns führte nur kurz zu einem vorsichtigen Zurückweichen; schon nach wenigen Minuten kamen die Fohlen direkt und nahezu ohne Scheu auf uns zu. Wir waren anfangs von dieser Vertraulichkeit ganz begeistert. Das änderte sich schnell. Die Fohlen wurden so dreist, daß wir uns kaum noch gegen sie wehren konnten. Drehen war überhaupt nicht mehr möglich. Ein Fohlen leckte das Objektiv, das nächste kippte meine Unterlagen aus der Handtasche, wieder ein anderes machte sich über unsere Brötchen her. Hals über Kopf brachten wir alles in Deckung – vor allem unsere kostbaren technischen Geräte – und berieten, was zu tun sei. Wir kamen zu dem Schluß, daß hier nur Geduld weiterhilft und wir einfach in Ruhe so lange warten würden, bis die Fohlen unsere Anwesenheit auf der Koppel vergessen hatten.

Meine Mami macht mir alles vor ...

Am ersten und zweiten Morgen konnten wir keine einzige Einstellung drehen. Die Fohlen und auch die Mütter waren ständig bei uns. Wir nutzten die Zeit, die Pferde kennen und unterscheiden zu lernen und gaben ihnen Namen. Schon allein aus ihrem Verhalten uns gegenüber konnten wir sehr schnell und leicht eine Rangordnung ableiten. Das ranghöchste Fohlen, ein Hengst, nannten wir Frechdachs. Das ist nicht sehr phantasievoll, aber treffend. Diese Herde bewegte sich wesentlich lebhafter als die Neugeborenen und ihre Mütter, die wir auf dem holländischen Hof gefilmt hatten. Einige Tage später sollten uns wunderschöne Aufnahmen gelingen, die Mutter und Fohlen im Parallelgalopp zeigen. Man kann dabei sehr genau beobachten, wie die Jungtiere von ihren Müttern Verhal-

tensreaktionen übernehmen, bzw. wie Mütter und Kinder gemeinsam dieselben Instinktreaktionen entwickeln. Aber abgesehen von diesem zoologischen Aspekt: Es war ein unvergeßliches Erlebnis für uns, die Stuten und Fohlen dabei zu beobachten, wie sie in völligem Gleichmaß im Galopp fast schon über dem Boden zu schweben schienen. Wir hatten durchgehalten und wurden dafür mit interessanten Beobachtungen und Bildern belohnt. Erst als wir akzeptiert hatten, daß wir selbst Gegenstand von Rangordnungskämpfen, zärtlicher Fellpflege, Neugier und Eifersuchtsgeschichten wurden, war es möglich, diese typischen Verhaltensweisen in der Herde auch zu filmen.

Die dritte Herde, die wir auf der Weide besuchten, war eine Gruppe zweijähriger

Hengste. Diese nach Alter und Geschlecht zusammengestellte Herde bestand schon seit eineinhalb Jahren, die Tiere waren aufeinander eingespielt. Vorgewarnt von unseren Erlebnissen mit den halbwüchsigen Fohlen erwarteten wir nun das Schlimmste. Doch wie immer kam auch diesmal alles anders. Die Hengste hielten sich eng zusammengedrückt in der äußersten Ecke der Weide, ganz entgegengesetzt zu unserer Position. Wieder tat sich lange gar nichts. Wir hatten es uns im Gras bequem gemacht und

tranken unseren Kaffee – trotzdem war die Stimmung gespannt, denn wir wußten nicht, was auf uns zukam. Der Ausdruck ist diesmal wörtlich zu verstehen, denn auf einmal, nach Stunden, kam die Herde in einer zirkelförmigen Formation langsam auf uns zu, etwa so, wie wir es aus der Gruppendressur kennen, die im Zirkus vorgeführt wird. Ein Hengst ging – eine Kopflänge voraus – den anderen voran, die anderen folgten ihm rechts und links zur Seite. Die Pferdeleiber waren gestaffelt wie bei einer Quadrillenübung. All das ging mit überraschender Präzision einher. Es sah aus wie einstudiert. Wir mußten unwillkürlich lachen. In dieser geometrischen Formation näherte sich die Herde langsam und vorsichtig, Schritt für Schritt. Ein Militärstratege hätte sich die Formation nicht besser ausdenken können: ein Pferd schützte das andere, vorneweg der Leithengst und dann... "ran an den Feind!" Schließlich standen die Hengste direkt vor uns. Der Leithengst nahm als erster Körperkontakt auf und schnüffelte an unseren Sachen. Einer von uns machte eine heftige abwehrende Bewegung. Blitzschnell machten die Hengste kehrt und galoppierten ein Stück davon. Dann drehten sie sich wieder um und kamen erneut in der Keilformation auf uns zu.

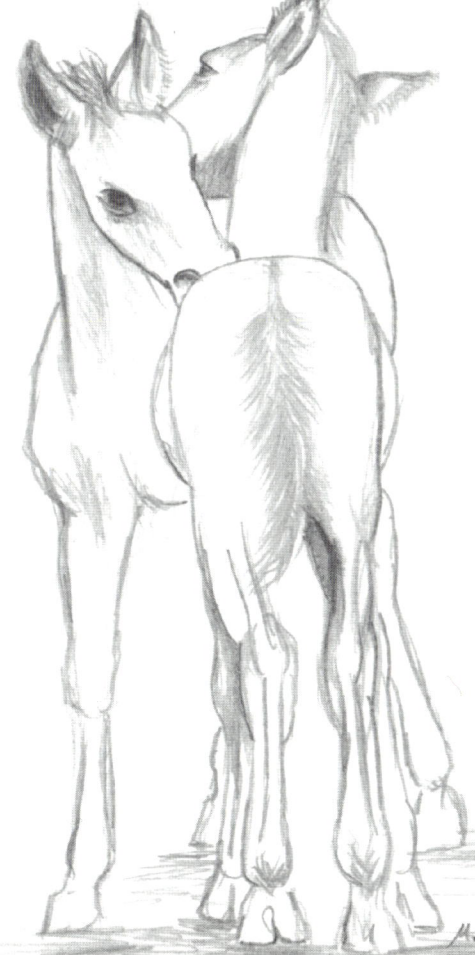

Knabbern als Fellpflege

Wenn man Pferde in Ruhe läßt, gehen sie von sich aus auf den Menschen zu. Aus dem Verhalten dieser Gruppe von Hengsten kann man natürlich nicht ohne weiteres auf das Verhalten von Wildtieren schließen. Aber immerhin lebten sie auch in einer ursprünglichen Form von Herdengemeinschaft. Vielleicht hat die Begegnung zwischen Mensch und Pferd irgendwann in grauer Vorzeit wirklich auf diese Art begonnen. Immerhin sind die Urpferde nur selten einem "Tier" begegnet, dessen Gesicht fast auf gleicher Höhe mit ihrem Gesicht war, dem sie in die Augen schauen und dessen Kopf sie beschnüffeln konnten, wie sie es von ihren Artgenossen gewohnt waren. Vielleicht ist also wirklich etwas dran, an der alten Geschichte von der Zähmung des Pferdes als eine Art Freundschaft zwischen Mensch und Tier. Pferde sind von ihrer natürlichen Veranlagung her dem Menschen zugewandt, selbst in der Abgeschlossenheit und gemeinsamen Stärke der Junghengstgruppe entwickeln sie Neugierde auf den Menschen und nehmen Kontakt auf.

Pferde bewegen sich auf den Menschen zu. Auf diesen Bildern wird es durch einen Marbacher "Junghengst" und Hans-Heinrich Isenbart herrlich dokumentiert.

Bewegung und Stallungen

Das Pferd ist ein Dauerfresser und ein Steppentier. Ursprünglich war es in weiten flachen Landschaften zu Hause. Auch heute noch fühlen sich Pferde wohler, wenn sie viel Platz haben. Schnelligkeit und Ausdauer sind ihre Stärke, doch mit diesen Fähigkeiten allein hätten sie in der Wildnis keine Überlebenschancen. Nur im Herdenverband kann ständig ein Teil der Tiere in Alarmbereitschaft sein und bei einer auftauchenden Gefahr die Flucht auslösen. Das Gemeinschaftsleben erfordert die Entwicklung eines ausgeprägten Sozialverhaltens, dies macht das besondere Wesen der Pferde aus. Nur wer dieses Wissen um das Verhalten hat, kann artgemäß mit Pferden umgehen. Pferde brauchen Gesellschaft und viel Bewegung. Einzeln und in engen Boxen gehaltene Pferde weisen nach kurzer Zeit Verhaltensstörungen auf.

Innerhalb der Herde herrscht keine Gleichheit, sondern Rangordnung. In der Junghengstherde lassen sich die meist spielerischen Rangordnungskämpfe gut beobachten. Typische Gebärden werden mit den Ohren, dem Maul, den Lippen und dem Schweif dargestellt. Dazu kommt die Botschaft der gesamten Körperhaltung und der Bewegungsrichtung.

Bei jeder Beunruhigung orientieren sich auch größere Fohlen wieder an ihren Müttern. Sie reagieren spiegelbildlich mit und lernen so das richtige Verhalten. Pferde fühlen sich wohl, wenn sie in Gemeinschaft sind. Sie beknabbern sich gegenseitig und pflegen so das Fell. Sie grasen fast den ganzen Tag. Weidetiere vertragen sich meist und gehen spielerisch miteinander um. Sehr viel Zeit widmen sie der Entspannung. Nach der Bewegung und dem Fressen folgt im festen Rhythmus die Ruhephase. Die Pferde suchen dazu wieder die Gruppe als Schutz. Pferde haben die Fähigkeit, im Stehen zu schlafen, immer bereit zur Flucht.

Wie kann ich für mein Pferd eine ausreichende Bewegung sicherstellen?

Für jedes Reitpferd ist es ganz wesentlich, daß es regelmäßig Auslauf hat, entweder im Paddock oder in der Weide. Es ist nicht richtig, Pferde stundenlang im Stall stehen zu lassen, um sie dann eine Stunde lang dem Willen des Reiters zu unterwerfen. Pferde fühlen sich wesentlich wohler, wenn sie sich jeden Tag für einige Stunden frei bewegen dürfen, wenn sie grasen können, wenn sie im Herdenverband, in der Gruppe sind, wenn sie also Kontakt zu Artgenossen haben. Da bietet die Weide die optimale Lösung. Doch man muß auch achtgeben, es gibt Pferde, die eher schlagen als andere. Wenn diese Pferde dann Eisen tragen, können Verletzungen entstehen. Man

Marbacher Stuten stürmen auf ihre Weide.

muß deshalb die Pferde langsam aneinander gewöhnen. Wenn man dann eine Gruppe hat, in der die Tiere sich miteinander verstehen, können diese Pferde problemlos jeden Morgen für mehrere Stunden auf die Weide und abends noch mal geritten werden. Noch ist kein Pferd an zuviel Bewegung gestorben.

Der direkte Auslauf vom Stall auf die Weide ist insbesondere für Zuchtstuten sinnvoll. Er dient ihrer psychischen und physischen Gesundheit.

Man kann Pferde auch an der Hand führen. Oft sind es die ganz einfachen Lösungen, die, insbesondere bei Sportpferden, das Allgemeinbefinden deutlich verbessern. Pferde können mit einem vertrauten Menschen neben sich an viele Umwelterscheinungen wie Autos, Züge und Flugzeuge herangeführt werden.

Das Longieren ermöglicht kontrollierte Bewegungen ohne das Gewicht des Reiters bei jungen Pferden. Außerdem gewöhnt sich das Pferd an die tägliche Arbeit und an den Menschen und seine Stimme.

Longieren ist eine sehr gute Ergänzung zum Reiten, insbesondere für junge Pferde, die noch nicht so an den Sattel oder an das Reitergewicht gewöhnt sind. Longieren ist aber auch für ältere Pferde sehr geeignet. Sie können an der Longe zwischendurch ein abwechslungsreiches Training machen. Pferden, die lange krank gewesen sind, die lange stehen mußten und Pferden, die Satteldruck hatten, gibt das Longieren eine gute Mög-

Das Karussell, eine automatische Anlage, die Pferden Bewegung verschaffen soll.

lichkeit, ihrem Bewegungsbedürfnis unter Aufsicht ihres Betreuers nachzukommen. Eine weitere Möglichkeit, den Pferden mehr Bewegung zu verschaffen, ist ein Karussell. Es kann gleichzeitig mehrere Pferde in Bewegung halten. Wenn Pferde langsam und vertrauensvoll an diese Arbeit herangeführt werden, kann eine solche Anlage sinnvoll sein. Das Karussell ist eine relativ moderne Einrichtung. Wichtig ist, daß der Rundlauf gut gebaut ist und mechanisch tadellos funktioniert. Das Karussell darf jedoch nicht die einzige Bewegungsmöglichkeit für das Pferd sein, da es auch abstumpfend wirken kann.

Es gibt verschiedene Möglichkeiten, Pferde in unterschiedlichen Stallungen zu halten.

In den traditionsreichen Stallungen des Landgestüts in Warendorf stehen einige Hengste in Ständern. Sie werden mit einem Halfter am Kopf angebunden. Das scheint dem natürlichen Bewegungs-

bedürfnis des Pferdes zu widersprechen. Doch ist Ständerhaltung dann problemlos, wenn die Pferde ausreichend bewegt werden, wie das zum Beispiel bei Schulpferden der Fall ist. Die Pferde können sich auch im Ständer bewegen und bequem hinlegen, wenn er groß genug ist. Ständerhaltung wird in Deutschland immer weniger betrieben. Sie stammt aus der Kavalleriezeit, als die Pferde auf langen Marschritten unterwegs waren und sehr viel Bewegung hatten.

Junge Pferde gehören in einen Laufstall. Sie müssen noch im Herdenverband kleine Rangordnungskämpfe ausführen, und gerade in der Gruppe können sie richtig miteinander aufwachsen, spielen und ihr Muskelsystem entwickeln. Die Fohlen finden in der Herde der Gleichaltrigen Sicherheit.
Nur wenn ein neues Fohlen hinzukommt, gibt es kurzfristig Unruhe, bis die Rangordnung wieder hergestellt ist.

Für heranwachsende Pferde ist eine Haltung sinnvoll, die einen freien Wechsel zwischen drinnen und draußen ermöglicht.
Bei dieser "Robusthaltung" können sich die Pferde selber vor Regen und Zug schützen und leben bei Außentemperaturen. Das macht sie widerstandsfähig gegen Krankheiten.

Die Box ist die häufigste Haltungsform für Reitpferde und ältere Zuchtpferde. Eine artgerechte Box ist ausreichend groß und gut belüftet. Am besten sind die Boxen, die Fenster haben. Dann hat das Pferd einen guten Ausblick und kann seine natürliche Neugierde befriedigen.

Pferdemenschen

Landoberstallmeister
Dr. Wolfgang Cranz

Das Pferd ist zum Glück ein relativ lang-
lebiges Lebewesen, das viele Jahre für
seine körperliche und seine psychische
Entwicklung braucht. Das soll aber nicht
bedeuten, daß wir die Bedürfnisse der
Pferde vermenschlichen können. Das
Pferd ist gerne draußen, wenn es regnet,
stürmt und schneit. Ich bekomme jeden
Winter Anrufe von sogenannten Tierschüt-
zern, die sagen: "Ihre armen Pferde sind
bei Wind und Wetter auf der Weide." Als
spezialisiertes Steppentier braucht das
Pferd viel Bewegung und reichlich frische
Luft. Man muß dem Pferd diese Möglichkeiten gewähren. Dagegen ist es ein wirklich tierschützerisches Vergehen, wenn
Fohlen in Einzelhaft aufgezogen werden.
Ich stelle immer wieder fest, daß viele
Lebewesen, zum Beispiel auch Hunde,
vermenschlicht werden. Das Komfortver-
halten von uns Menschen wird leider all-
zuoft auf Tiere übertragen. Ein solches
Denken und Handeln kann dann wirklich
zur Tierquälerei führen. Wenn wir aber hier
im Dezember, auf der rauhen Alp, bei
Regen und Schneestürmen die Stuten auf
der Weide stehen lassen, dann ist das pfer-
degerecht, denn unsere Pferde sind diesen
Temperaturen angepaßt.

6. *Immer das gleiche, nie dasselbe: das Training*

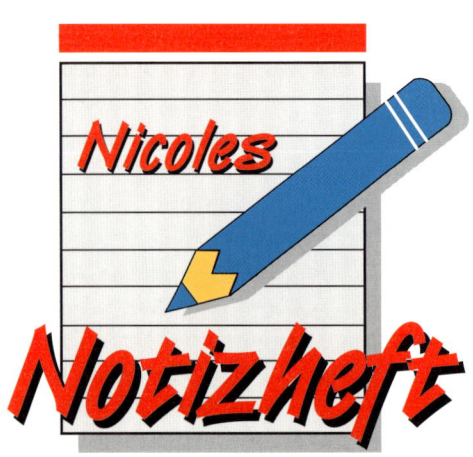

Nicoles Notizheft

Meine Trainingsphilosophie

Ich weiß nicht, ob dies eine Trainingsphilosophie ist, aber nach all den Jahren ist mir das Wichtigste, auf die Psyche des Pferdes einzugehen. Ich versuche immer wieder zu erfühlen, was mit dem Pferd los ist. Ein Pferd ist ein Lebewesen mit Gefühlen, Stimmungen und einem sehr individuellen Charakter. Ich richte mein Trainingsprogramm nicht nach irgendwelchen Schemata, sondern ich habe ein langfristiges Konzept im Kopf, das ich je nach der Situation und nach der Stimmung meiner Pferde stark variiere. Das soll nicht heißen, daß ich jeder Laune nachgebe. Vielmehr nütze ich die unterschiedliche Leistungsbereitschaft der Pferde. Das kann durchaus auch mal bedeuten, daß die Pferde mehr Spaß an der Arbeit haben als ich. Dann überwinde ich mich, nutze das aus und trainiere entsprechend.

So erweitere oder reduziere ich das Training je nach Situation. Ich muß auf jeden Fall den Spaß an der Arbeit erhalten, für das Pferd und natürlich auch für mich. Sonst kann man das alles gar nicht durchhalten, jahrelang letztlich immer die gleichen Lektionen zu üben. Wenn man diesen Spaß beim Pferd erhält, dann bekommt man wahnsinnig viel zurück. Wenn ich mich nur aufs Pferd klemme und jeden Tag übe, übe, übe, kommt das irgendwann allen Beteiligten zu den Ohren heraus. Das ist genauso, als wenn man sich an den Schreibtisch setzt und jeden Tag dasselbe macht. Das wäre doch fürchterlich, wenn man immer die gleiche Seite tippen müßte. Also versuche ich, diese Langeweile zu vermeiden. Dadurch, daß ich jeden Tag etwas anderes mache, behalten die Pferde ihren Spaß.

Bei mir geht nichts auf Knopfdruck. Pferde sind keine Maschinen. Solch ein Verständnis von Pferden finde ich grausam. Da habe ich lieber ein Pferd, das hier und da mal einen Fehler macht, aber ansonsten richtig mit Zug durch die Prüfung geht und zu denken scheint: "Ha, eigentlich hab' ich ja echt viel Spaß dran".

Ganz toll finde ich das immer, wenn junge Pferde in der Prüfung auch mal buckeln. Das zeigt doch nur, daß sie wirklich noch Spaß haben und noch nicht abgestumpft sind. Wenn das sichergestellt ist, muß natürlich auch der Reitstil dazu passen. Die Pferde müssen wirklich von vorne bis hinten locker sein. Das erreiche ich dadurch, daß ich versuche, sie zunächst tiefer einzustellen. Sie müssen den Rücken hergeben und rund machen. Ich vergleiche das immer gerne mit dem Sitzen. Wenn du gerade sitzt und beugst den Kopf nach vorne, dann machst du automatisch den Rücken rund. Wenn man dagegen den Kopf nach hinten lehnt, macht man ein Hohlkreuz. Diese Beobachtung kann man direkt auf den Umgang mit Pferden übertragen. Ich versuche die Pferde vorne in die Tiefe zu reiten, damit der Rücken frei schwingen kann. Wenn ich ein Pferd neu bekomme oder ein junges Pferd habe, dann geht das nicht sofort. Es dauert unter Umständen zwei bis drei Monate, bis die Pferde überhaupt verstanden haben, worum es geht. Außerdem müssen sich die Muskeln entsprechend ausbilden und dehnen. Wenn das erreicht ist, dann sind die Pferde gut zu reiten! Das gilt besonders für junge Pferde, die locker im Maul sind. Wenn dann noch der Rücken locker nach oben schwingt, dann fallen ihnen die ganzen Dressurlektionen oder Übungen sehr viel leichter. Nur wenn alles locker ist, können sie sich biegen. Das ist für Pferd und Reiter einfacher, und man kann einigem Streit aus dem Wege gehen. Ich möchte nicht mißverstanden werden: es ist nicht alles immer leicht und locker, Friede, Freude, Eierkuchen. Man merkt doch genau, ob das Pferd wirklich Blödsinn macht oder nur mal so buckelt. Wenn ich merke, mein Pferd macht jetzt jeden Tag Unsinn, dann muß ich natürlich mal durchgreifen. Das soll nicht heißen, das ich auf meinem Pferd herumhaue. Ich versuche, es einmal ein bißchen härter zu parieren, oder pieke es ein bißchen fester mit den Sporen an. Das ist dann schon ein großer Unterschied für das Pferd. Sonst ist es immer so einfach gelaufen, und jetzt kommt plötzlich eine deutliche bestimmende Hilfe. Meistens reicht das schon aus.

Vor kurzem noch hat jemand zu mir gesagt: "Nicole, du bist viel zu weich mit den Pferden. Das geht so nicht." Ich finde, das kann man so nicht sehen. Meine Methode braucht mehr Zeit und erfordert vom Reiter viel Geduld. Aber ich habe persönlich mehr davon, so zu reiten. Da bin ich ganz egoistisch. Ich mag es nicht, mein Pferd durch die Lektionen zu zwängen. Auch das Pferd profitiert davon. Es bleibt auf den Knochen gesund, weil es nicht üben und üben und üben muß, und was noch viel wichtiger ist, es bleibt auch im Kopf gesund. Mentale Vorbereitung nennt man das, und das gilt nicht nur für den Reiter. Ich finde, Pferd und Reiter profitieren von diesem Trainingsstil.

Es sollte alles spielerisch sein. Dann lasse ich mein Pferd auch mal buckeln. Selbst die Richter finden das besser. Dann gibt's in der einen Lektion zwar mal einen Abzug, dafür bist du den anderen Reitern im übrigen aber weit überlegen. Es wirkt souveräner, wenn alles locker läuft. Ich bin dadurch wohl in manchem etwas langsamer als andere, aber ich erreiche letztlich mehr.

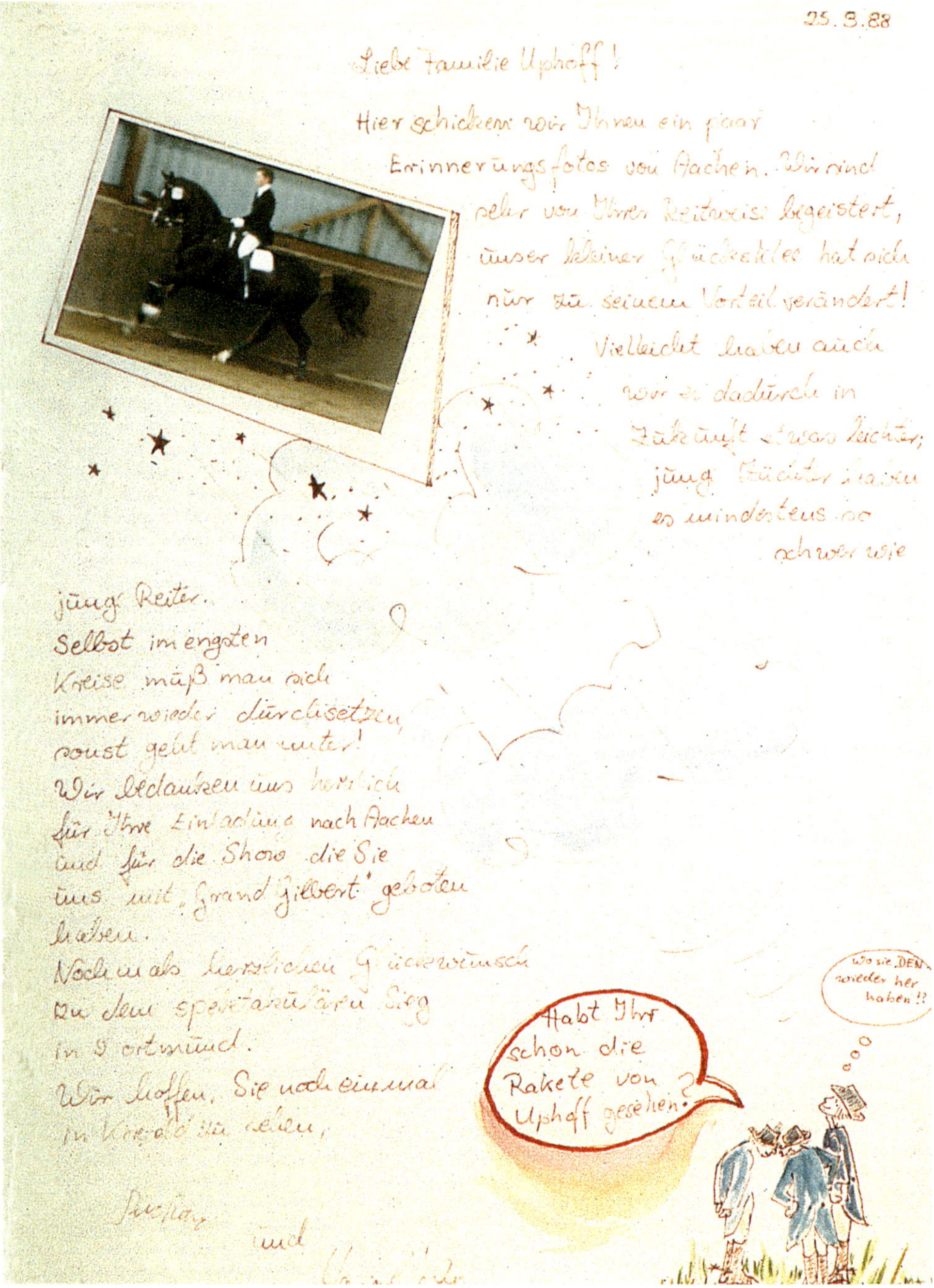

25.9.88

Liebe Familie Uphoff!

Hier schicken wir Ihnen ein paar Erinnerungsfotos von Aachen. Wir sind sehr von Ihrer Reiterei begeistert, unser kleiner Glückskäfer hat sich nur zu seinem Vorteil verändert! Vielleicht haben auch wir es dadurch in Zukunft etwas leichter; junge Züchter haben es mindestens so schwer wie junge Reiter. Selbst im engsten Kreise muß man sich immer wieder durchsetzen, sonst geht man unter! Wir bedanken uns herzlich für Ihre Einladung nach Aachen und für die Show, die Sie uns mit „Grand Gilbert" geboten haben. Nochmals herzlichen Glückwunsch zu dem spektakulären Sieg in Dortmund. Wir hoffen, Sie nochmal in Kerpen zu sehen,

Richard und Marion

Ein Brief von Richard und Marion Heitzer an Familie Uphoff. Über Herrmann's Grand Gilbert hat die Freundschaft begonnen.

Herrmann's Grand Gilbert macht Karriere. Fotos aus dem nebenstehenden Brief.

Jedes Pferd braucht sein individuelles Training. Mit Herrmann's Grand Gilbert zum Beispiel fange ich meistens erst ein-einhalb Wochen vor einem Turnier wieder an zu trainieren. Neuerdings experimentiere ich mit einer anderen Methode. Um Berti richtig bei Laune zu halten und auf Trab zu bringen, reite ich ihn nur ganz kurz vor der Prüfung ab. Berti ist dann einfach noch frisch und hat selber nicht das Gefühl, daß er kaputt ist. Er hat den richtigen Pep. Dadurch ist er wesentlich einfacher zu reiten und wird auch nicht so stur, wie er schon mal sein konnte.

So muß man mit jedem Pferd einen Weg finden, und man sollte sich hüten, von den Erfahrungen mit dem einen Pferd auf das andere zu schließen. Zum Beispiel brauchte ich bei Remmi nie etwas zu wiederholen; das ist bei Berti schon ein bißchen anders. Der hat eigentlich erst in diesem Jahr so richtig kapiert, worum es geht. Für die ganz großen Lektionen aus dem Grand Prix hat er ein bißchen länger gebraucht als Remmi. Aber das ist bei ihm eben so. Wenn ihm irgendetwas schwerfällt, hat er immer blockiert, absolut dicht gemacht. Das war bei Remmi anders. Der strengt sich einfach an. Auch wenn er es nicht versteht, macht er weiter und bemüht sich. Das geht teilweise so weit, daß er ganz nervös wird, wenn er irgendwas falsch gemacht hat. Berti macht in solch einer Situation dicht und macht dann gar nichts mehr. Hätte ich da härter durchgegriffen, dann wäre er wirklich, entschuldigt den Ausdruck, zum "Ferkel" geworden – Herrmann's Grand Gilbert wäre richtig böse geworden. Das habe ich bisher immer ganz gut abfangen können. Wenn

ich gemerkt habe, es geht nichts mehr, habe ich einfach für eine Woche aufgehört. Dann habe ich das so ein bißchen sacken lassen. Und wenn er wieder guter Dinge war, habe ich wieder mit dem Training angefangen. Das funktionierte eigentlich ganz gut. Dadurch konnte ich verhindern, daß er endgültig auf stur schaltet.

So mache ich das heute immer noch mit ihm, wenn es überhaupt noch nötig ist.

Ich habe Herrmann's Grand Gilbert bis zur M-Dressur ganz allein trainiert, da hat mir niemand geholfen. Als er dann sechsjährig wurde und ich mit ihm auf dem Niveau der M-Dressur arbeitete, klappte das nicht so gut mit dem Mitteltrab. Das war die Zeit, es mag 1987 gewesen sein, als Harry Boldt ab und zu kam, um die eventuellen Olympiateilnehmer für Seoul zu trainieren. Ich habe ihn gebeten, mir zu helfen. Seitdem hat Harry Boldt immer mal ein Auge auf uns gehabt und mir ein paar Tips gegeben, die wirklich sehr, sehr wertvoll waren. Als Herrmann's Grand Gilbert dann siebenjährig war, habe ich S-Dressuren mit ihm geritten, und dann kam die Zeit, wo er nicht mehr wollte. Er ist ein paar S-Dressuren gegangen und dann war Schluß. Nichts lief mehr. Ich habe mich nicht aufgeregt und dann konsequent ein dreiviertel Jahr Pause gemacht. Eine ganze Turniersaison fiel für uns aus. Als er dann schließlich achtjährig war, habe ich das Training wiederaufgenommen. Die S-Dressur klappte auf Anhieb. Er hat fast alle Prüfungen gewonnen, weil er viel klarer denken konnte. Alles, was er gelernt hatte, hatte sich ein bißchen gesetzt. Er hat die Zeit einfach gebraucht.

Berti als Grand Prix-Sieger in Aachen 1993.

Als Herrmann's Grand Gilbert dann neun Jahre alt war, habe ich angefangen, Grand Prix mit ihm zu reiten, und er hat auch ein paar Prüfungen gewonnen.

Dann war erstmal wieder Schluß. Dasselbe Spiel begann von vorne. Ich habe wieder eine größere Pause eingelegt und das Training nach ein paar Monaten wieder aufgenommen. Heute mit elf Jahren ist er wirklich gut! Jetzt spielt er nur so mit den Lektionen. Es scheint alles ganz einfach für ihn zu sein; er hat dadurch auch selbst viel mehr Spaß daran.

Es gibt immer Gründe, wenn ein Pferd im Training nicht weiter kommt. Man muß sehr sorgfältig und behutsam nach den Ursachen suchen. Ein Charakterfehler ist es selten und wenn, dann ist er dem Pferd durch unsachgemäße Behandlung anerzogen worden.

Mit Herrmann's Sir Lenox habe ich einmal Folgendes erlebt. Als er sieben Jahre alt war, habe ich mit S-Dressur-Lektionen angefangen. Das weiß ich noch ganz genau. Vom Winter bis zum Sommer lief alles hervorragend. Dann im Herbst ging auf einmal nichts mehr rechts rum: rechts Traversale, rechts Galoppirouette, alles vorbei! Da habe ich nur gedacht: "Oh Gott, das arme Pferd, was ist nur los?" Ich habe ihn erstmal nur noch Schritt gehen lassen und jeden Tag auf die Wiese gebracht, damit er etwas abgelenkt wird. Dann bin ich mit ihm ins Gelände geritten und habe ihn longiert. Das ging ein halbes Jahr so. Im Winter wurde Herrmann's Sir Lenox acht Jahre alt und ich nahm die Arbeit wieder auf. Alles klappte wieder hervorragend, weil er so viel Geschmeidigkeit und Gangvermögen hat. In dem Punkt ähnelt er sehr dem Remmi. Piaffe, Passage, 1-er-Wechsel klappte alles hervorragend. Im Frühjahr sind wir unsere erste Inter II und Grand Prix gegangen. Da war er immer auf Platz 2 bis 8. Also, auf jeden Fall immer vorne dabei. Doch dann bekam er auf einmal große Probleme in der Piaffe: immer in dem Moment, wo er hinten unter den Schwerpunkt und vorne durchs Genick treten mußte.

Es war nichts zu machen. In dieser Situation habe ich dann auch mal versucht, mich durchzusetzen. Das hat aber überhaupt nichts gebracht.

Da habe ich mir gesagt: "Irgendetwas stimmt hier nicht". Ich bin mit ihm zum Tierarzt gefahren und ließ ihn gründlich untersuchen. Dabei stellte sich dann heraus, daß ein Nerv eingeklemmt war. Das war im Endeffekt der Schlüssel zu all den Schwierigkeiten. Herrmann's Sir Lenox wurde erfolgreich behandelt und jetzt ist er wieder im Training. An seine Schmerzen bei der Piaffe erinnert er sich noch genau. Er muß jetzt erstmal die Erfahrung machen, daß das vorbei ist. Bis auf die Piaffe klappt alles hervorragend. Ich habe erstmal die Turniere abgesagt. Ich trainiere die Piaffe jetzt eine Zeitlang von unten mit ihm. Dazu wird abgesattelt, aufgetrenst und Fahrzügel angebracht. Ich gehe hinter dem Pferd und übe vom Boden aus.

So verstehen die Pferde besser, wie das Piaffieren überhaupt funktioniert. Und wenn sie das können, dann setze ich mich wieder drauf. So mache ich das im Moment mit Herrmann's Sir Lenox und das klappt wirklich hervorragend. Ich kann ihn jetzt richtig arbeiten, so daß er hinten deutlich unter den Schwerpunkt tritt.

Dreharbeiten in der Reithalle

Filmaufnahmen vom Dressurreiten werden erst dann richtig interessant, wenn es gelingt, die faszinierende Wechselwirkung zwischen Reiter und Pferd genau zu zeigen: Zwischen dem riesigen Tier und dem vergleichsweise fast zierlich wirkenden Menschen stellt sich eine besondere Harmonie ein, welche die eigentliche Faszination des Dressursports für die Ausübenden wie für die Zuschauer ausmacht. Da reicht es nicht, einfach mit der Filmkamera draufzuhalten. Man muß schon ein genaues Konzept haben von dem, was man drehen möchte, sonst entstehen eben nur Aufnahmen, die an Amateurvideos erinnern: zu große oder zu kleine Ausschnitte, unpassende Farben und falsch gewählte Perspektiven.

Unser Ehrgeiz war, den Blick der Zuschauer für Feinheiten zu schulen. Ist das einmal geschafft, ist auch der Film über eine Dressurprüfung so aufregend wie die Übertragung eines Elf-Meter-Schießens. Jedes Detail der Arbeit sollte sichtbar

Eine Reithalle wird zum Filmstudio.

werden, so daß die Zuschauer großen, erstklassigen Dressursport erkennen lernen. Dazu wollten wir wichtige Aufgaben der schweren Dressurprüfungen, wie zum Beispiel die Piaffe, sehr genau zeigen. Wie mußten dieselbe Übung in verschiedenen Bildausschnitten zeigen, dazu die Bewegungen von Pferd und Reiter in Zeitlupe, wie man sie oft in Sportsendungen sehen kann.

Das tägliche Training von Nicole schien uns besonders geeignet, Aufnahmen zu machen, an denen man gut sehen kann, wie die Übungen im einzelnen funktionieren. Wenn etwas noch geübt wird, es vielleicht noch nicht so ganz klappt, kann man beim Zuschauen mehr lernen. Deshalb entschieden wir auch in Absprache mit Nicole, daß wir mit verschiedenen Pferden auf unterschiedlichen Leistungsniveaus drehen würden. Beim Beobachten der Unterschiede in der Ausführung kann man gut erkennen, wie die Übung eigentlich gedacht ist. Nicole bot uns ein Training mit Rembrandt Borbet, eines mit Herrmann's Grand Gilbert und eines mit Freudentänzer an. Wir überlegten gemeinsam, welche Trainingsabläufe für die Zuschauer besonders interessant sein würden. Der Plan stand, nun lag es an uns, das alles richtig "ins Bild" zu setzen.

Da gab es einige Schwierigkeiten zu überwinden. Auf Grund des schlechten Wetters mußte Nicole in der Reithalle trainieren. Das hat zwar für die Filmaufnahmen den Vorteil, das im Umfeld Ruhe herrscht, es gibt kaum Auto- und Flugzeuggeräusche, aber ansonsten bescherte uns der Dreh in der Halle nur Schwierigkeiten. Wir mußten "großes Licht machen", wie wir sagen, daß heißt Riesenlampen aufbauen, um wenigstens die halbe Halle kreisförmig auszuleuchten. Ohne ausreichendes Licht kann man keine Sportaufnahmen machen, denn, schnelle Bewegungen und Details brillant und scharf aufzunehmen, ist nur bei einem ausreichenden Grundlicht möglich. Niemand wußte, wie die Pferde auf diese schwarzen Ungetüme reagieren würden, die wir aufgestellt hatten. Aber viel schlimmer war, daß wir quer durch die Halle lose Stromkabel verlegen mußten. Um einen Unfall hundertprozentig auszuschließen, haben wir die Kabel schließlich tief in den Boden der Halle eingegraben. Dann gab es in der Dressurhalle des Bundesleistungszentrums natürlich auch einen großen Spiegel an der kurzen Seite. Hugo mußte also neben allen anderen Schwierigkeiten auch noch darauf achten, daß er nicht dauernd selbst mit seiner Kamera im Spiegel zu sehen war.

Der Plan war, von jeder Übung drei unterschiedliche Einstellungen aufzunehmen:

Wenn man nur mit einer Kamera arbeitet, muß man eine Aktion immer wiederholen lassen, um sie in verschiedenen Ausschnitten, den Einstellungen, aufnehmen zu können.

Nur so kann man später einen Film zusammenschneiden, der alles Wichtige genau zeigt.

Immer sollte zuerst das ganze Pferd sichtbar sein, dann ein wichtiges Detail aus der Beinaktion des Pferdes, zum Beispiel der Mitteltrab. Dann sollte noch eine Einstellung von Nicole folgen, bei der man sehen kann, wie sie dem Pferd Hilfen gibt.

Hintereinander geschnitten, verlangsamt und mit Nicoles Kommentar versehen, sollte der Film zeigen worauf es bei der Dressur ankommt. Diese Fülle von Einstellungen erhält man nur, wenn man gleichzeitig mit drei Kameras arbeitet. Jede Kamera nimmt das Pferd aus einer anderen Perspektive und in einem anderen Ausschnitt auf. Stünden keine drei Kameras zur Verfügung, müßte das Pferd dieselbe Übung dreimal exakt wiederholen. Wir hatten nur die eine Kamera mit, für uns kam deshalb nur diese Lösung in Frage.

Als erstes war Rembrandt Borbet dran. Er machte seine Sache wie gewohnt souverän. Ich bat um eine Wiederholung, die klappte auch noch. Als Remmi aber dasselbe zum dritten Male machen sollte, wurde ihm das ganze zu dumm, und er weigerte sich. "Typisch Rembrandt Borbet", meinte Nicole nur. Sie mußte ihn erst einmal mit einer interessanten Abwechslung ködern, dann ging's weiter. Aber Rembrandt Borbet durchschaute auch dieses Ablenkungsmanöver. Mehr als zwei Wiederholungen waren bei ihm nicht möglich. Herrmann's Grand Gilbert dagegen wiederholte stur und völlig unbeeindruckt seine Traversalen und Wechsel.

Schließlich hatten wir das Material im Kasten. Da meinte Nicole nur noch, wir sollten jetzt mal aufpassen. Wir hatten keine Idee, was sie wohl meinte. Seelen-

ruhig nahm sie Berti Trense und Sattel ab. Die Bewegung war noch nicht vollzogen, da warf sich der mächtige Kerl mit lautem Schnauben und Prusten in die Sägespäne. Wir erschraken, denn auf uns wirkten diese wilden Bewegungen ausgesprochen gefährlich. Hugo hielt nur seine Kamera fest, ließ sie aber laufen. Nach dreimaligem wüstem Wälzen auf dem Rücken sprang Herrmann's Grand Gilbert genauso plötzlich wieder auf die Beine, wie er sich hingeworfen hatte, und galoppierte direkt auf die Kamera zu, um dann im letzten Moment auszuweichen. Es schien, als hätten Nicole und Berti sich abgesprochen, das Team zum Schluß auch einmal etwas auf Trab zu bringen. Das war ein würdiger Abschluß für einen schönen Drehtag in der Halle.

Die Grand Prix-Lektionen

Nicole Uphoff erklärt Euch die Grand Prix-Lektionen:

Der fliegende Wechsel

Fliegende Wechsel werden im Galopp geritten. Je nach Fußfolge unterscheidet man den Linksgalopp und den Rechtsgalopp. Beim fliegenden Wechsel muß das Pferd auf die Hilfe des Reiters hin mit Schwung umspringen, also zum Beispiel vom Rechtsgalopp in den Linksgalopp wechseln. Ein einfacher Wechsel dagegen bedeutet: Man reitet Linksgalopp, pariert zum Schritt durch, reitet drei Schritte vorwärts und galoppiert rechts an. Das ist ein einfacher Wechsel. Die fliegenden Wechsel kann man auch à Tempi reiten. Die einfachsten sind die 4-er-Wechsel. Da wird nach jedem vierten Sprung ein fliegender Wechsel geritten. Beim 3-er-Wechsel wird nach jedem dritten, beim 2-er-Wechsel nach jedem zweiten und schließlich beim 1-er-Wechsel von Sprung zu Sprung gewechselt.

Die 1-er-Wechsel sind eine sehr schwierige Übung, weil das Pferd schnell umschalten muß.

Die Traversale

Die Traversale ist eine Seitwärtsbewegung des Pferdes, die es in allen drei Grundgangarten ausführen kann, normalerweise aber nur im Trab und Galopp geritten wird. Das Pferd kreuzt dabei die Beine. Wenn man von vorne oder hinten zuschaut, müssen die Vorhand und die Hinterhand parallel sein, man kann das Kreuzen dabei sehr gut erkennen. Das Pferd ist in die Richtung gebogen, in die es geht. Es gibt halbe und ganze Traversalen, doppelte halbe und Zick-Zack-Traversalen. Das heißt, daß das Pferd rechts und links neben der Mittellinie im Zick-Zack geht. Diese Lektion kann man im Trab reiten oder auch im Galopp. Im Galopp ist dies besonders schwierig, weil das Pferd bei jedem Richtungswechsel

Nicole reitet mit Rembrandt Borbet eine Traversale.

auch noch einen fliegenden Wechsel machen muß, um dann im richtigen Galopp seitwärts springen zu können. Das Pferd muß dafür sehr durchlässig sein, und der Reiter muß sich konzentrieren, um die richtige Anzahl an Sprüngen zu jeder Seite zu reiten. Im Galopp heißt das zum Beispiel 3-6-6-6-3, also drei Sprünge nach links, sechs nach rechts, sechs nach links, sechs nach rechts, drei nach links und wieder geradeaus. Der Reiter zählt dabei im Geiste jeden einzelnen Sprung mit.

Die Pirouette

In den Prüfungsaufgaben gibt es halbe Schrittpirouetten, halbe Galoppirouetten und ganze Galoppirouetten. Grundprinzip aller Pirouetten, egal in welcher Ausführung, ist, daß das Pferd sich mit seiner Vorhand um die Hinterhand dreht. Die Vorhand beschreibt also einen Kreis um die Hinterhand. Dabei sollte die Hinterhand, wenn möglich, wie "auf einem Teller treten". Diese Drehung kann also mit 180° (halbe Pirouette) oder mit 360° (ganze Pirouette) ausgeführt werden. Das Pferd ist dabei gebogen.

Die Piaffe und die Passage

Die Piaffe ist, einfach ausgedrückt, der Trab auf der Stelle. Die Fußfolge ist dieselbe wie im Trab. Das Pferd muß dabei die Hinterbeine beugen und kräftig abfußen. Die Passage ist auch eine Trabbewegung, aber mit einer ausgeprägten Schwebephase. Man muß sich unwillkürlich an eine Bewegung in Zeitlupe erinnert fühlen, dann ist es richtig. Das Pferd hebt wie im Trab zwei Beine gleichzeitig, die einen kurzen Moment in der Luft ausharren.

Die Schwebephase sollte so lang wie möglich sein. Optimal sind Piaffe und Passage, wenn der Oberarm des Pferdes fast rechtwinklig ist. Die Hinterhand soll dabei deutlich hinten abfußen, energisch unter den Schwerpunkt treten.

Pferdemenschen

**Susanne Hopmann
Pferdewirtschaftsmeisterin**

Immer wieder gibt es junge Reiter und Reiterinnen, die hätten am liebsten einen Reitfahrplan zum garantierten Erfolg im Dressursport. Solch eine Anleitung kann es nicht geben. Aber einige handfeste Tips sind trotzdem möglich.

Susanne Hopmann hat selber Pferde und Schüler bis zur höchsten Klasse in der Dressur ausgebildet und auch einige Jahre erfolgreich an Vielseitigkeitsprüfungen teilgenommen. Sie sagt von sich selber: "Ich kann mich nicht an viele Tage in meinem Leben erinnern, an denen ich nicht auf einem Pferd gesessen habe".

Susanne Hopmann reitet leidenschaftlich gern, und das nicht nur auf Dressurpferden.

Sie hat über viele Jahre in Amerika einen eigenen Ausbildungsstall betrieben, in dem in erster Linie deutsche Pferde zu Hause waren.

Susanne Hopmann weiß also, wovon sie redet:

Grundsätzlich sollte man nicht gleich von Anfang an ein erfolgreicher Dressurreiter werden wollen. Wichtigstes Ziel ist erst einmal, ein guter Reiter zu sein oder so gut zu reiten, wie es eben möglich ist. Eine Spezialisierung entwickelt sich meistens ganz von selbst und hängt auch vom Talent und von den Gegebenheiten ab. Eine solide Grundausbildung in allen drei Disziplinen (Dressur, Springen und Geländereiten) ist die Voraussetzung für gutes Reiten und den Erfolg. Je vielseitiger die reiterliche Betätigung, um so besser werden das Gleichgewicht und der richtige Sitz erlernt.

Nicole Uphoff hatte sich auch nicht als junges Mädchen vorgenommen, Olympiasiegerin zu werden. Das hat sich erst schrittweise ergeben. Ihr Beispiel zeigt, daß mit einer soliden Grundausbildung, mit viel Talent und auch etwas Glück alles möglich ist. Ihr besonderer Erfolg liegt in erster Linie im Vertrauensverhältnis begründet, das sie zu ihren Pferden entwickelt. Nicht nur ihr Reitstil prägt ihren Erfolg, sondern ihre Art mit den Pferden umzugehen. Sie behandelt Pferde als Freunde und Kameraden und nicht als Untertanen. Der Beweis dafür ist das Team Nicole und Rembrandt Borbet. Ich glaube kaum, das jemand anderes es geschafft hätte, ein Pferd wie Rembrandt Borbet immer wieder erfolgreich im

Grand Prix vorzustellen, denn er ist ziemlich schreckhaft und scheu. Durch das Vertrauensverhältnis, das Nicole in vielen Jahren zu ihm aufgebaut hat, ist er willig, auch schwierigste Lektionen gehorsam auszuführen.

Gibt es so etwas wie den optimalen Weg zum/r Dressurreiter/in?

Der optimale Weg müßte im recht jungen, sogar Kindesalter, mit dem Freizeitreiten auf Ponies beginnen. Das spielerische Reiten im Alter zwischen fünf bis zehn Jahren ist eine gute Sache: es dürfen noch keine großen Leistungsanforderungen gestellt werden. Allerdings sollte es in dieser Phase schon Sitzkorrekturen durch qualifizierte Ausbilder geben und ab und an versucht werden, die Grundlagen des dressurmäßigen Reitens zu vermitteln. Aber das sollte alles noch spielerisch erfolgen. Sinnvoll ist in diesem Alter auch das Voltigieren. Dann, je nach Talent und Eignung, kann man im Alter zwischen acht und zwölf Jahren anfangen, etwas intensiver an der Dressur zu arbeiten, auch mal kleine Sprünge und kleine Parcours zu überwinden und eventuell an kleinen Wettkämpfen teilzunehmen. In diesem Alter sollte man sich bemühen, in allen drei Disziplinen reiten zu können. Letztendlich werden die Reitschüler dann irgendwann von selbst feststellen, wofür sie am besten geeignet sind und woran sie am meisten Freude haben.

Eine gute Grundausbildung und eine späte Spezialisierung – das ist der richtige Weg.

7. Die Stunde der Wahrheit

Meine großen Prüfungen

Es fing an mit Seoul, den Olympischen Spielen 1988. Ich war damals ganz neu dabei. Im selben Jahr bin ich erst in die Olympia-Equipe aufgenommen worden, und der Bundestrainer der Dressurreiter, Harry Boldt, kannte mich noch nicht so genau. Er hatte mich erst ein Dreiviertel-jahr trainiert, wußte also überhaupt nicht, wie ich auf solchen großen Turnieren rea-giere. Als wir dann in Seoul waren, wur-den alle sichtlich nervös, weil ich weiter mit meinem speziellen Stil gearbeitet ha-be. Alle trainierten und trainierten und trainierten und ich.... galoppierte immer noch über die Rennbahn, als wäre alles ein Spaß. Nach einiger Zeit hat mich aber doch ganz fertig gemacht, daß die anderen immer meinten: "Du mußt mehr arbeiten ....!"

Ich dachte: "Verlieren kannst Du hier sowieso nichts, also kannst Du alles locker angehen. Dich kennt keiner und wenn, dann kannst Du nur positiv auffal-len." Nach einiger Zeit war es dann so weit, da habe ich gesagt: "Wißt Ihr was, entweder reite ich meinen Stil, oder ich fahre nach Hause." Aber dann hat mich Reiner Klimke unterstützt. Er sagte: "Mensch, jetzt laßt das Mädchen endlich in Ruhe." Er hat mich so richtig an die Hand genommen. Danach konnte ich meinen Stil in Ruhe reiten. Die anderen waren zwar alle immer noch sehr nervös, aber sie hielten sich jetzt zurück. Und dann hat unsere Mannschaft gewonnen und ich war mit dem Ergebnis von 1458 Punkten Mannschaftsbeste.

Dann kam die Einzelwertung. Ich bin da natürlich auch locker `reingeritten. "Du kannst ja nichts verlieren", dachte ich wieder. Niemand hat damit gerechnet, daß ich plaziert würde, am wenigsten ich selbst. Als ich die Prüfung beendet hatte, wußte ich nicht sofort, was los war – die Richter mußten ja noch entscheiden. Aber Reiner Klimke sprang von seinem Zuschauerplatz auf und rannte los. Er war, glaube ich, der erste, der bei mir war, und dann kamen sofort auch meine Eltern. Das war das Glücksgefühl über-haupt. Ich hatte meine Konkurrenten vor-her alle nicht gesehen und wußte gar

Seoul 1988: Das Erfolgspaar Nicole Uphoff und Rembrandt Borbet.

nicht, was bei denen zu erwarten war. Auf einmal sah ich Monika Theodorescu im Eingang 'rumhüpfen und da habe ich mir gedacht: "Mensch, Du warst vielleicht gar nicht so schlecht." Dann kam auch schon das Ergebnis über die Lautsprecher. Ich hatte gewonnen und alle, die ganze deutsche Mannschaft, die Journalisten, die Zuschauer, alle waren völlig aus dem Häuschen.

Das nächste wichtige Ereignis war die WM in Stockholm 1990. Etwa sieben oder acht Wochen vorher hatte ich mir den Arm verletzt. Das Handgelenk war dreimal gebrochen. Ich hatte noch keine Sichtung für die WM geritten, keine Qualifikation. Ich habe im Krankenhaus geheult wie ein Schloßhund, weil ich doch unbedingt in Stockholm dabei sein wollte. Als ich meine Eltern beruhigt hatte, haben wir Herrn Fischer angerufen, der die WM-Auswahl als Equipe-Chef betreute. Er sagte: "Nicht aufregen, Nicole ist gesetzt. Die braucht keine Qualifikation mitzureiten, die geht nach Stockholm."

Da waren wir natürlich schon wieder alle ganz happy. Dann hat Harry Boldt, der Bundestrainer, zweimal in der Woche Remmi geritten, ansonsten wurde er unter meiner Aufsicht von einem Bereiter trainiert. Ich bin zur Erholung zu meiner Freundin Nicola gefahren, die Lusitanos reitet. Das sind diese portugiesischen Pferde, die ja recht leicht zu reiten sind. Einen Tag habe ich bloß zugeguckt – ich hatte jetzt seit vier Wochen den Gips um, durfte aber noch nicht reiten. Ich sagte: "Weißt Du was, tu mir einen Gefallen, laß mich drauf, laß mich aufs Pferd." Dann habe ich wieder geritten, weil ich

es einfach nicht mehr ausgehalten hatte. Der Arm tat tierisch weh und dadurch, daß die Muskeln plötzlich wieder so beansprucht wurden, wurde der Gips viel zu eng. Aber ich konnte es nicht lassen. Ich habe drei Tage bei ihr geritten, bin dann wieder nach Hause gefahren und dort sofort wieder aufs Pferd gestiegen. Alle fanden meinen Reitstil komisch, weil ich links keine Kraft hatte.

Dann ging es ins Trainingslager und da bekam ich eine Manschette, die ich beim Reiten tragen mußte. Unsere Mannschaft hat in Stockholm wieder gewonnen. Dann mußte ich in die Einzelwertung. Ich habe vorher draußen abgeritten, es klappte nichts, gar nichts mehr. Remmi war so von der Rolle, der konnte nur noch piaffieren und Mitteltrab. Harry Boldt stand in der Mitte und guckte mich nur noch ratlos an. Ich bin immer weitergeritten und habe noch ein paar Witze gerissen. Schließlich kam ich auf den Platz, mein Name wurde angesagt, die Leute klatschten. Ich dachte nur: "Hoffentlich geht das gut." Aber plötzlich war alles ganz anders. Remmi wurde drei Meter größer. Ich hatte links immer noch keine Kraft, aber Remmi hat jede Hilfe angenommen. Bei den Paraden habe ich wegen der Manschette nichts aus dem Handgelenk gemacht. Das war für ihn wahrscheinlich auch nicht so angenehm, aber Remmi wußte Bescheid, und da ging die Post ab. Dann war die Prüfung beendet. Die Zuschauer klatschten im Stehen. Es war ein tolles Gefühl, ich hatte wieder gewonnen.

Der nächste große Auftritt waren die Olympischen Spiele 1992 in Barcelona.

Stockholm 1990: Weltmeisterlich und hervorragend im Bilderbuchtrab - Nicole und Rembrandt Borbet.

Da haben mich die Teamkollegen bei der Vorbereitung in Ruhe gelassen, jetzt kannten sie mich ja. Alles verlief ohne große Komplikationen. Remmi war "normal" – wie immer. Man weiß ja, was das bei ihm bedeutet. Mal ein bißchen heiß, mal ein bißchen ruhig. Da hatten wir Gott sei Dank auch eine Rennbahn, die ich viel benutzt habe. Die Mannschaftswertung haben wir wieder gewonnen.

Unsere Einzelwertung war in der Mittagszeit angesetzt, irgendwann zwischen 12 und 13 Uhr. Es war brütend heiß. Ich bilde mir ein, daß Rembrandt Borbet wußte, daß er bei den Olympischen Spielen war und nicht irgendwo sonst. Denn unsere Saison vorher war durchaus nicht beständig gewesen, wir hatten schwankende Leistungen gehabt. Das Publikum fing an zu klatschen. Ich hatte wieder dieses Gefühl, daß Remmi viel größer wird. Mir war schon beim Einreiten klar, daß ich mich auf ihn verlassen konnte. Ich bin 'reingaloppiert, habe gehalten. Normalerweise kann es in so einer Situation schon sein, daß er sich die Gegend anschaut. Nein, diesmal nicht! Er stand da, als wollte er sagen: "So, jetzt sind wir zwei dran!"

Beim Umreiten des Dressurvierecks habe ich ihn an der ersten langen Seite Mitteltrab geritten, da hat er sich total verhaspelt – also mußten wir außen herum. An der zweiten langen Seite haben wir zugelegt. In diesem Moment fingen die Zuschauer an im Takt zu klatschen. Remmi wurde drei Meter größer. Ich parierte durch, galoppierte ein und dann kam diese wunderbare Musik, ich weiß bis heute nicht, was das für ein Stück war. Remmi wurde ganz leicht bei dieser Musik. Trotz der Hitze ist es mir kalt den Rücken 'runtergelaufen. Ich habe gehalten. Sonst nimmt Remmi immer den Kopf hoch und blickt um sich. Jetzt stand er so da, als wenn er sagen wollte: "Nun mach schon, laß uns endlich mal was tun." Ich habe gegrüßt und dann ging`s los. Es war alles so schön und so einfach. Ich hatte das Gefühl, ich brauche nur an irgendeine Figur zu denken, dann machte

er das schon. Zum Schluß kommt im Grand Prix Spezial auf der langen Seite folgende Reihenfolge: starker Trab, versammelter Trab auf der Mittellinie, Passage, Piaffe, Passage, Halten. Als wir damit endlich durch waren, war ich am Ende. Ich hatte das Gefühl, ich hing auf Remmi wie ein 'Schluck Wasser in der Kurve'.

Ich war vollkommen benommen von dieser Gluthitze und Remmi hat unter mir gearbeitet. Er hat piaffiert, hat passagiert bis zum bitteren Ende. Es war, als wären wir zusammengewachsen. Ich wußte nicht, daß ich gewonnen hatte, im Grunde wußte ich gar nichts mehr.

Nach Barcelona war bei mir absolut die Luft raus. Ich habe dann auch eine längere Pause gemacht, weil ich nicht mehr soviel Lust hatte zum Turnierreiten. Zum Reiten habe ich immer Lust. Das ist einfach mein Leben. Aber Turnierreiten ist eine ganz besondere Belastung. Da hat man immer Streß und Druck im Nacken. Ansonsten habe ich keine Schwierigkeiten, mich zu motivieren. Mein Ziel ist es, daß ich Remmi so lange wie möglich fit halte, daß die Leute mal sagen werden, guck mal, der Alte läuft wirklich immer noch erstklassig.

In Verden lief 1993 die Deutsche Meisterschaft. Da man Rembrandt Borbet ein halbes Jahr nicht mehr gesehen hatte, dachten alle: "Jetzt ist er 16 Jahre alt, wir wollen mal sehen, was noch von ihm übrig ist." Ich hatte den Winter über mal ein ganz anderes Trainingsprogramm ausprobiert. Wir haben ihn nicht geschoren, und ich war jeden Tag mit ihm im Busch. Nur als es gefroren hatte, bin ich mit ihm

Barcelona '92: Trotz Gluthitze tänzerisch-leicht und perfekt zum Sieg.

in die Halle gegangen. Rembrandt Borbet war nicht mehr so nervös, hat nicht mehr gezuckt und war ganz ausgeglichen. Er hatte Muskeln zugelegt und wurde richtig rund.

Dann kam Verden und im Grand Prix hat er sich nach Barcelona wirklich nochmal enorm gesteigert. Alle haben zu mir gesagt: "Barcelona, das war der Ritt aller Ritte!", und sie meinten damit natürlich: "So etwas kommt nie wieder." In Verden hat Remmi allen gezeigt, daß bei ihm noch mehr drin ist.

Ich glaube, daß Remmi bei der Verteilung der Intelligenz viermal "Hier!" geschrien hat. Er ist in jeder Hinsicht ein Phänomen. Wir sind jetzt 13 Jahre zusammen. Er kennt mich in- und auswendig und ich kenne ihn in- und auswendig. Ich weiß nicht warum, aber er hat es wirklich immer gemerkt, wenn es um irgendetwas Außergewöhnliches ging. Ich weiß auch nicht, ob ich das jemals mit einem anderen Pferd so aufbauen kann. Rembrandt Borbet erscheint mir manchmal, als käme er von einem anderen Stern. Man kann sich gar nicht vorstellen, daß ein Tier so weit denken kann.

Deutsche Meisterschaft in Verden 1993: Nicole Uphoff und Rembrandt Borbet erreichen im Grand Prix die bisher einmalige Traumpunktzahl von 1813 Punkten.

Dreharbeiten beim Turnier

Für den Kameramann und den Sportreporter können Großveranstaltungen mindestens so aufregend werden wie für die Sportler, aber aus anderen Gründen. Es gibt bei jedem Wettkampf einen ganz besonderen Augenblick. Das ist der Moment, in dem die Entscheidung fällt, ein Fehler passiert oder eine sensationelle Leistung erbracht wird. Für den Kameramann ist es schrecklich, wenn es ihm nicht gelingt, diesen Moment aufzunehmen. Dann gibt es natürlich auch Ärger mit der Redaktion. Die Reporter stehen unter Dauerstreß und müssen sich so konzentrieren, daß sie auch im richtigen Moment auf den Auslöser drücken. Damit sie das tun können, müssen sie in den vielen tausenden unwichtigen Momenten ihre Konzentration aufrecht erhalten.

Der Kameramann sollte sich exzellent in den Regeln der betreffenden Sportart auskennen, und er muß auch die wichtigsten Vertreter und Vertreterinnen dieser Sportart kennen. Der Reporter kann ihm nur wenig helfen. Die Ereignisse laufen teilweise so schnell ab, daß der Kameramann selber entscheiden muß, was wichtig ist. Ehe der Reporter ihm Bescheid sagen kann, ist es zu spät. Der Kameramann muß selbständig arbeiten. Nicht umsonst sind viele freie Kameraleute auf bestimmte Sportarten spezialisiert, um den vielfältigen Anforderungen bei Großereignissen auch gerecht werden zu können.

Wenn Nicole in dem 20 x 60 Meter großen Viereck reitet, muß die Kamera die ganze Bahn gut im Blick haben. Gleichzeitig sind aber die Details der Bewegungen des Pferdes entscheidend für die Bewertung und damit für das Ergebnis. Als Zuschauer wünscht man sich ein Bild von der ganzen Situation, die "Totale", das heißt die ganze Halle oder auch den ganzen Platz zu sehen. Im entscheidenden Moment soll aber auch eine "Nahaufnahme" sichtbar sein, zum Beispiel von der raumgreifenden Vorhand des Pferdes. Da wir Pferd und Reiter nicht bitten können, alles noch mal für uns zu wiederholen, geht das nur mit einem zweiten Kamerateam. Zwei Kameraleute müssen sich mit ihren Kameras an zwei verschiedenen Positionen aufstellen. Sie sprechen vorher genau ab, was jeder aufnehmen wird. Eine Kamera filmt zum Beispiel immer die Totale, während die andere Kamera immer Nahaufnahmen macht. Die Cutterin kann dann später zwischen den Aufnahmen hin und her schneiden.

Die schweren Dressurprüfungen

Nicole reitet mit ihren Pferden schwere Dressurprüfungen auf allen Niveaus. Sie erklärt das auf Grund ihrer Erfahrungen so:

Prix St. Georges (St. Georg)
Hier werden die Aufgaben auf einem 20 x 60 Meter großen Viereck geritten. Dazu muß ich den Reitfrack tragen, der mit den Schwalbenschwänzen. Die Lektionen folgen einem internationalen Reglement. Der Prix St. Georges ist eine der einfachsten S-Dressuren, der in erster Linie mit Nachwuchspferden geritten wird. Beim St. Georg werden Lektionen verlangt, wie Traversalen, halbe Galoppirouetten und fliegende Wechsel à 3 und 4 Tempi.
Das Angenehme dieser Prüfung ist, daß man sehr viel Zeit und Platz hat, sich auf die jeweils folgende Lektion zu konzentrieren und vorzubereiten.

Dann gibt es die **Intermediaire I (Inter I)**, da wird's schon ein bißchen schwieriger. In dieser Prüfung werden Zick-Zack-Traversalen im Trab und auch zweier Galoppwechsel verlangt.

Außerdem gehören noch die 3-er und 2-er-Tempi dazu. In der Inter I folgen die Lektionen schon schneller aufeinander als beim St. Georg.

Nach der Intermediaire I kommt die **Intermediaire II (Inter II)**, da wird's gerade für jüngere Pferde schwierig, denn man kommt den Anforderungen des Grand Prix schon sehr nahe. Von der Intermediaire I zur Intermediaire II ist es ein Riesensprung. Verlangt werden Zick-Zack-Traversalen im Trab und im Galopp, ganze Galoppirouetten und Passagen, dazu noch neun fliegende Galoppwechsel von Sprung zu Sprung.

An bestimmten Stellen sind diese Lektionen besonders schwer zu reiten. Das ist immer jeweils an der kurzen Seite. Die Strecke der Passage ist so kurz, daß man das Pferd gar nicht richtig vorbereiten kann und manchmal nur schwer in den richtigen Takt kommt. Auch für die Richter muß das schwierig sein. Da kommt ein Übergang nach dem anderen, und sie müssen jedes Detail beurteilen.

Der **Grand Prix** ist bei Meisterschaften die Mannschaftsprüfung. Da kommen die schwierigen Lektionen am laufenden Meter. Das Pferd muß dazu wirklich fit sein. Im Trab werden ganze Traversalen verlangt, von der einen Seite zur anderen. Ganz schwierig ist der fliegende Wechsel im Mittelgalopp. Viele Pferde buckeln dann oder springen nach. Im Galopp kommen Zick-Zack-Traversalen jeweils zu drei und sechs Sprüngen, d.h. diese Traversalen sind recht kurz, eine Traversale folgt der anderen. Alles geht sehr schnell, Reiter und Pferd müssen äußerst konzentriert sein.

Beim **Grand Prix Spezial** aber sind 9 Zweier- und 15 Einerwechsel zu machen. Außerdem kommen viele Piaffe- und Passageübergänge hinzu. Die Piaffe muß beim Grand Prix Spezial auf der Mittellinie geritten werden. Das ist für junge Pferde am Anfang recht schwierig, weil sie plötzlich keine Orientierung mehr an der Bande haben. Dann kann es schnell krumm und schief werden. Die letzte Piaffe beim Mittelpunkt X ist am schwierigsten, weil die Pferde denken, es sei jetzt Schluß. Sie bleiben einfach stehen. Der Grand Prix Spezial ist die Einzelwertung bei Meisterschaften. Alle Lektionen werden in schneller Reihenfolge verlangt. Traversalen und Übergänge: Passage, Mitteltrab, Passage. Wenn ein Pferd mit viel Schwung arbeitet, wie z.B. Remmi, dann werden diese Übergänge zu Traumlektionen. Wenn Remmi aus dem starken Trab in die Passage den Schwung des Trabes einbringt, ist das sehr schön zu reiten. Beim Grand Prix Spezial sind die Pirouetten auf der Mittellinie, d.h. man muß besonders gerade anreiten, die Pirouette auf der Mittellinie drehen – und vor allem gerade wieder herauskommen.

Pferdemenschen

Hans-Heinrich Isenbart

Das Aufsehenerregende an Nicole ist ihr Pferd und wie sie mit ihm umgeht. Das ist ein Pferd von ganz besonderen Gaben und Eigenschaften, ein sensibles, aber auch stark für die Erscheinungen seiner Umwelt aufgeschlossenes Pferd. Nicole hat die Fähigkeit, dieses Pferd sicher durch die Prüfung zu steuern.

Es gibt eigentlich nur einen klassischen Reitstil, dem alle nachstreben und den alle zu verkörpern suchen. Nicole ist erstens nervenstark, zweitens ist sie blitzschnell in ihrer Reaktion auf Unvorhergesehenes. Eine Störung der Konzentration ihres Pferdes Rembrandt Borbet kann von ihr ganz erstaunlich schnell korrigiert werden. Dieses Pferd, das wie manch andere berühmte Pferdepersönlichkeit auf der Grenze zwischen Genie und Überschnappen steht, weiß Nicole mit ihrer Sensibilität ganz bei der Sache zu halten. Dadurch sticht Nicole besonders hervor, und sie hat in jüngster Vergangenheit bewiesen, daß diese Fähigkeiten nicht nur bei der Zusammenarbeit mit Rembrandt Borbet wirksam wird, sondern auch,

Drei, die sich gut kennen: Nicole Uphoff, Hans-Heinrich Isenbart und Herrmann's Grand Gilbert.

wenn sie sich voll und ganz auf Herrmann's Grand Gilbert konzentriert. Auch diesem Pferd verhilft sie zu außerordentlichen Auftritten.

Es gehört zur Reiterei, daß die Einzelpersönlichkeit manchmal besonders auffällt. Die große Faszination geht im Fall Nicole jedoch, bis jetzt jedenfalls, von dem Paar aus. Es geht immer um Rembrandt Borbet **und** Nicole. Das ist zum Beispiel bei einer Springreiterfigur wie Fritz Thiedemann ein bißchen anders gewesen, hier kam es auf das einzelne Pferd nicht so an. Bei H.-G. Winkler ist es immer das Paar Winkler und Halla gewesen, obwohl er auch mit vielen anderen Pferden gewonnen hat. Bei Fritz Thiedemann waren es von vornherein mehrere verschiedene Pferde, so daß er als Einzelpersönlichkeit aufgefallen ist. Thiedemann war vor allem wegen seiner knochigen holsteinischen Bauernart beliebt. Aber bei Nicole ist es

die Eleganz, die Grazie im Sattel und die Schönheit von Rembrandt Borbet – das Paar wirkt als Paar! Nach meiner Erfahrung und nach Gesprächen mit Zuschauern habe ich die Meinung entwickelt, daß hier die Einheit zwischen den beiden besonders prominent macht.

Aber vielleicht ändert sich das, wenn Nicole mit anderen Pferden ebenfalls große Erfolge feiert.

Der Sinn des Reitsports ist Gemeinsamkeit. Pferde ohne Reiter sind immer Pferde, aber Reiter ohne Pferde sind nur noch Menschen. Das ist ganz auffällig, wenn man Reitunterricht beobachtet. Es gibt den Reiter, es gibt das Pferd und es gibt beide zusammen.

Das sind drei unterschiedliche Wesen, drei unterschiedlich zu beurteilende Aspekte in der Schulung, im Training und in der Leistung.

Dressur-As Nicole Uph

„Es geht mir längst nicht mehr um das Siegen"

Von unserem Redaktionsmitglied Susanne Stadler

TUTTGART – Nicole Uphoff ist der unumstrittene Dressur-Star beim 6. Internationalen Reitturnier in der Stuttgarter Schleyer-Halle. Heute nachmittag 3 Uhr) steigt die Weltmeisterin in den Sattel. Sie reitet ihr Erfolgspferd embrandt und Grand Gilbert, einen achtjährigen Rheinländer-Wallach, der in Debüt in einem Grand Prix gibt. Einen Knüller liefert die 23jährige am end (20.15 Uhr): Dann präsentiert die Duisburgerin mit Grand Gilbert eine how, die schon vor der Premiere mit dem legendären „Pas de deux" von einer Klimke und Annegrete Jensen-Thornblad verglichen wird.

nn eine junge Dressurreiterin behaupt, für sie geht es nicht darum, zu gewin-n, sondern sie habe Spaß am Reiten, n zwinkern die Kenner der Szene mit Augen und vermuten irgend eine neue e Dressur wird nicht allein da haben die Ein-

Dabei kommt die eher schüchterne junge Frau nicht einmal aus einer Reiterfamilie. Im Urlaub auf Sylt hat sie 1976 zum ersten Mal im Sattel gesessen, wie tausende von Kindern von einem eigenen Pferd geträumt. Als sie ein Jahr später ihr erstes eigenes Pferd Waldfee bekam, überholte sie ihre Gleichaltrigen mit links. 1987 gewann sie die Europameisterschaft der Jungen im italienischen Cervia, in gleichen Olympiasiegsis allen Grund Uphoff.

Große Gelassenheit als Haupttugend

Von Birgit Letsche

Mai 1987 in Lausanne. „Wer mit Willen ist Nicole Uphoff? konsteriert die Grande Dame d sursports, die Schweizerin Christ Kellnerer, als ihr ein junges Mädc Deutschland den Sieg im Grand P der Nase wegschnappte. Die 2 Duisburgerin war selbst ins El gänzlich unbekannt. Drei Jahr weiß Christine Stöckelberger, wer Uphoff ist: Die amtierende Weltme im Einzel und mit der Mannscha zweifache Olympiasiegerin, die zw Europameisterin und die zweifache sche Titelträgerin. Wo sie auch ihrem tauch Westfälen-Wallach Rembran haben die ehrwürdigen Kl und Linsenhoffs keine Chance m Beim 4. internationalen Reit Springturnier in Stuttgart ist N Uphoff der Star unter den konnten Um bis zu ihr vorzudringen, genügt nicht einmal ein sogenannter Ausweis muß jedoch in einem sogenannten Begleittext es her. Die Wohlbehü nimmt ganz gelassen. An den Rumm wöhnt man sich mit der in den letzten Jahren-Gl n gewöhnen ha lympischen Sp en Kamikoleg- acht. „Die Au war, die kannte ch die 23jährig ie Mutterreral die Weltmeisterin brachte ihr ange sein wieder ira

der Goldmedaillen manns Liebling, di vor. Altmeister Lie n höchste Loh ge und echte Erbir fünlte die dia

Toll, diese Gold-Nicole

Dreifache Krone für Dressur-Königin Uphoff

Stockholm (dpa) – Mit dem Gewinn der Weltmeisterschaft hat die 23jährige „Dressur-Königin" Nicole Uphoff aus dem Duisburger Vorort complett.

bei einer internationalen Entscheidung gegeben... Nicole Uphoff... kommt seines Schützlings hatte ein Geiste mitgeritten und mitgeliti. „Das möchte ich nie..." Einzeln wenn mich im den-Das Leben von

zwei winzige Pünktchen vor der Französin Margit Otto-Cre pin mit Corlandus... festand. Rings um das Viereck...

5. Fechter-Medaille

Rad-Sensation

auf unendlich gestie- Ruhm macht ihr sitzen erwar- alt. „Ich nehme wenn es mit dem ist und das Trai es zulässt." uff: Die 10 größten e mit Rembrandt ster Sieg bei

Mein Leben mit Rembrandt

Das Gold-Duo privat: Nicole streichelt Rembrandt sanft am Kop

Nicole & Rembrandt: Heute tanzen sie zum 6. Gold

erst 23. Doch unsere Dres gin Nicole Uphoff hat alles erreicht, wovon n Sportler nur träumen oppel-Olympiasiegerin l und Einzel in Seoul apanmeisterin 1988 und schafts-Weltmeisterin s. Die junge Duisbur Baerl auf ihrem Pferd "

medes. Auch in Balve gab es fünf Wochen später nur Platz 2. Nicole mußte noch mehr einste 60 mal 20 Meter großen Vierecke Beim Austritt im Uhlenhorster an der Duisburger scheute eines ihres ne Französin mit dem mächtigen Corlandus, sagte mal über Nicole: „Wenn man mal das Glück hatte, sie zu schlagen, stand sie gerehrung er sogl mehr zu ras im Grand Prix war gan

Ein Favoritenpaar für den Dressur-GP in Münster: Olympia-Kandidaten Uphoff/Rembrandt

Nicole hat ihren „Remmi" im Griff

Von HEINZ MÜLLER

uisburg – „Der führt nich mehr an der Nase herum!" Das sagt Ni ole Uphoff über ihren Remmi". Am Sonntag, 7. Januar, sind beide i

Kader für Olympia. Bei den Sichtungen in Aachen und Ver den (Deutsche Meisterschaft) wird sie zu versuchen, das Flug ticket zu erhaschen. „Das wäre eine Wucht!" gehörte sie zu den vier oder fünf, die nach Fernst' natten "

Auch A-Kader-Rei Theodorescu (Sass Ganimedes gehörte

8. Tierisch prominent

Nicoles Notizheft

Wer ist der Star, Remmi oder ich?

Früher kannte ich mich mit den Medien überhaupt nicht aus. Aber mit der ersten Goldmedaille änderte sich das schlagartig. Nach Seoul stand ich plötzlich da und mußte jedem Rede und Antwort stehen. Das war am Anfang ziemlich schwer.

Ich bin richtiggehend ins kalte Wasser geworfen worden. Recht bald stellte ich fest, daß es nicht immer gut ist, einfach so frisch und frei zu erzählen. Das ist dann ein gefundenes Fressen für die Presseleute, und prompt legen sie das Gesagte ganz anders aus, als man es eigentlich gemeint hat. Man muß sich wirklich hundertprozentig eindeutig ausdrücken, damit es überhaupt keine Zweifel über den Inhalt der Aussagen gibt.

Ein Beispiel dazu. Auf dem Reitturnier in Aachen habe ich mit Herrmann's Grand Gilbert die Kür geritten. Meine Musik fing nicht am Anfang an, sondern schon ein bißchen vorgespult. Der ganze Ritt ist aber auf die Musik abgestimmt. Ich mußte Gas geben, um die Musik einzuholen. Ich konnte ja nicht rufen: "Halt, stop, noch mal von vorne!" – Das kann man nicht machen. Also habe ich meinen versammelten Trab etwas beschleunigt und den Anschluß schon nach der ersten Diagonalen wieder geschafft. Keiner hat etwas davon bemerkt! Diese Geschichte habe ich auf der Pressekonferenz erzählt. Was wurde hinterher geschrieben? Zitat: "Nicole hatte gewonnen, obwohl sie während ihrer ganzen Kür der Musik hinterherritt." So etwas sage ich natürlich nie wieder. Die Journalisten bekommen in so einem Falle von mir nur noch zu hören: "Mein Ritt war super. Es gibt überhaupt nichts zu beanstanden".

Leider gibt es trotzdem immer noch Situationen, in denen einem das Wort im Mund herumgedreht wird. Das ist leider so, es ist zwar unfair, aber damit muß man rechnen und sich dagegen wappnen. So habe ich einmal gesagt: "Mein Pferd war matt." Was reimt sich auf matt? Platt. Da wurde gesagt: "Nicoles Pferd ist platt." Das hat mich vielleicht geärgert! Besonders unangenehm ist es auch, wenn Journalisten versuchen, regelrecht bis in die Intimsphäre hineinzukriechen.

„Besser kann man gar nicht reiten"

REITEN

Sechstes Gold in der Dressur

- Nicole Uphoff sprengt alle Maßstä
- „Ich habe geschlafen wie ein Bär"
- Männer reiten im Viereck hinterhe

Der Dank der Reiterin an ihr Pferd: Nicol Uphoff wußte nach ihrem Olympia sehr wohl, wem sie ihren großen Tri zu verdanken hatte

Unser neuer Dressur-Star So schnell wie Nicole kam noch keine nach oben

Königin kehrt auf den Thron zurück

REITEN: Nicole Uphoff ist Dressur-Weltmeisterin

Rembrandts Bild von Goldenen Reiterin"

SWP-Gespräch mit Dressur-Weltmeisterin Nicole Uph

Da muß man höllisch aufpassen. Wenn man aber einmal geklärt hat, ”bis hierhin und nicht weiter", ist das kein Thema mehr. Inzwischen weiß ich auch, das ich für die Medien so lange interessant bin, wie es mit mir aufwärts geht. Dann finden mich alle Journalisten ganz toll. Doch wehe, es gibt keine neuen Meldungen. Dann werden einfach welche erfunden. Noch vor kurzem gab es bei mir auch mal die Situation, da kam eigentlich nichts Neues mehr. Ich habe gewonnen oder war auf jeden Fall immer unter den ersten plaziert, privat war Ruhe, meine Pferde waren gut drauf. Es war eigentlich alles völlig normal. Fieberhaft haben die

Sendepause

Journalisten nach Nachrichten gesucht. Sie wurden regelrecht an den Haaren herbeigezogen. Ich wurde direkt provoziert mit Meldungen, die mit der Reiterei gar nichts mehr zu tun hatten. Als ich mich dann öffentlich darüber beschwert habe, hatten sie erreicht, was sie wollten und konnten nun wieder darüber berichten. Also, das war nicht so erfreulich.

Dazu kommt, daß es immer nur um Platz eins geht. Alles andere ist für die Presse anscheinend langweilig. Das ist manchmal sehr schade. Für mich und die Zukunft meines Sports ist es viel wichtiger, wenn ich mit einem meiner Nachwuchspferde Dritte geworden bin, als wenn ich mit Remmi mal wieder gewonnen habe. Aber das versteht keiner. Da wird man gefragt: "Warum sind Sie nur Dritte geworden?"

Mit Herrmann's Sir Lenox war ich in seinem dritten Grand Prix Siebte. In den Zeitungen stand dann doch tatsächlich: "Herrmann's Sir Lenox war **nur** Siebter." Da habe ich mich aber beschwert: "Also Leute, das Pferd ist eine seiner ersten Grand Prix-Prüfungen gegangen. Warum könnt Ihr Euch nicht mit mir freuen, daß der schon Siebter geworden ist, nicht **nur** Siebter, sondern **schon** Siebter." "Ja, da haben Sie eigentlich recht", war die Antwort. Seitdem ist es etwas besser geworden.

Man muß sich bei Interviews immer rechtfertigen. Das nervt schon sehr. "Warum haben Sie das so gemacht und nicht anders? Warum hat das Pferd nicht gewonnen und ist nur Dritter geworden? Warum scheint die Sonne und regnet es nicht?" So geht das. Mit der Zeit lernt man, damit umzugehen, und man darf

sich gar nicht darüber aufregen. Nun aber genug gemeckert. Es gibt natürlich auch positive Seiten in diesem Medienrummel. Ich kenne auch einige sehr nette Journalisten, die sich bemühen, das Positive herauszustellen. Ein großer Vorteil meiner "Prominenz" ist natürlich, daß das, was ich sage, Gewicht hat. Manchmal kann ich wirklich Einfluß nehmen und meine Meinung findet Beachtung. Die Leute hören mir zu, wenn ich etwas sage. So kann ich mit Hilfe der Medien auch versuchen, etwas zu vermitteln, Dinge ansprechen, die mir wichtig sind. Das ist eine tolle Möglichkeit, aber auch eine große Verantwortung. Man darf dann natürlich keinen Blödsinn reden. Ab und zu sind mir Journalisten begegnet, die mich plötzlich gefragt haben: "Möchten Sie unseren Lesern noch irgend etwas vermitteln?" "Ja klar," habe ich gesagt. Und die haben das dann auch wirklich geschrieben. Das finde ich natürlich sehr schön.

Durch die ständigen Berichte über meine Erfolge bekommen viele Kinder und Jugendliche leider einen falschen Eindruck von meinem Leben. Da gibt es viele, die denken: "Oh, die setzt sich aufs Pferd und dann gewinnt sie." Stimmt aber nicht. Ich fange normalerweise morgens gegen acht, halb neun an zu trainieren.

Dann reite ich den ganzen Tag über. Normalerweise sind es zwischen fünf und sieben Pferde, die ich täglich arbeite.

Dann unterrichte ich teilweise noch ein paar Mädchen oder eine Freundin. Schluß ist zwischen sechs und sieben Uhr. Das ist mein normaler Tagesablauf. Wenn irgendwelche Extratermine kommen, wird's sofort schwierig.

Da werde ich nicht direkt nervös, aber manchmal ungenießbar, so ein bißchen muffig eben. Ich hasse es, wenn ich nicht in Ruhe trainieren kann. Und dann sehe ich zu, daß ich das Wichtigste erledige

und ansonsten in Ruhe reite. Das sind meine Tagesabläufe.

Im Grunde halte ich mich lieber im Abseits als im Mittelpunkt. Ich bin lieber etwas weiter weg vom Zentrum des Geschehens. Wirklich mutig bin ich auch nicht, was zum Beispiel das schnelle Autofahren angeht oder das Springen über hohe Hindernisse. Das Höchste, was ich gesprungen bin, da bin ich auch ganz stolz drauf, war ein L-Parcours. Wenn ich den heute sehe, dann würde ich mich nicht mehr darübertrauen.

Wirklich Mut zum Risiko entwickle ich dann, wenn ich eine Sache im Griff habe. Und das finde ich auch besser so. Zum Beispiel habe ich schon manchen Dressurritt voll auf Risiko und Angriff geritten. Wenn ich viel riskiere, schleicht sich auch leicht ein Fehler ein, aber dazu habe ich den Mut, weil ich mir sage: "Von nichts kommt nichts."

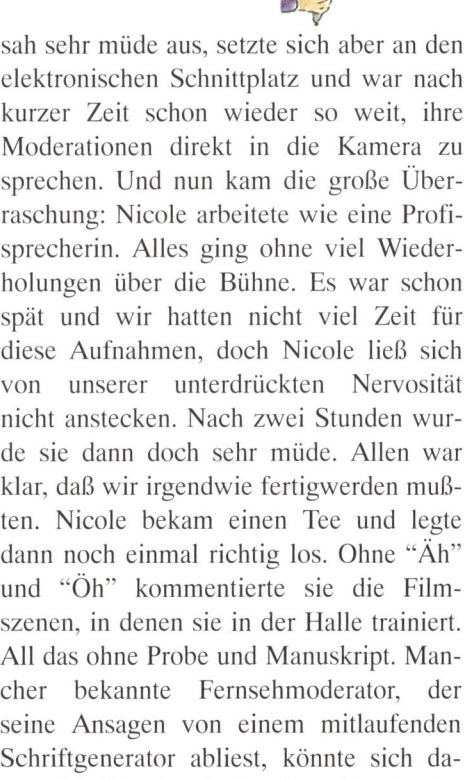

Nicole als Moderatorin

Wie macht man eine Fernsehserie über Pferde und Dressurreiterei noch interessanter?

Nicole Uphoff war bereit, an der Serie mitzuarbeiten und selbst zu moderieren. Das heißt, sie sollte vor der Kamera die einzelnen Filme der Serie ansagen und auch einzelne Kommentare sprechen. Das war für uns ein Experiment, denn es ist gar nicht selbstverständlich, daß jemand dazu in der Lage ist, der freies Sprechen nicht geübt hat. Viele Leser und Leserinnen werden den Unterschied zwischen professionellen und spontanen Ansagen schon selbst beobachtet haben, wenn jemand aus dem Publikum in einer Abendshow auch mal eine Ansage machen soll. Wir haben uns gesagt: wenn es klappt, ist es wunderbar, wenn nicht, fällt uns auch noch eine andere Lösung ein.

Als die einzelnen Beiträge zur Fernsehsendung fertig waren, sollten die Moderationen von Nicole bei der Firma DE CAMPO FILM in Köln aufgenommen werden. Nicole kam abends direkt vom Training aus Warendorf angefahren. Sie sah sehr müde aus, setzte sich aber an den elektronischen Schnittplatz und war nach kurzer Zeit schon wieder so weit, ihre Moderationen direkt in die Kamera zu sprechen. Und nun kam die große Überraschung: Nicole arbeitete wie eine Profisprecherin. Alles ging ohne viel Wiederholungen über die Bühne. Es war schon spät und wir hatten nicht viel Zeit für diese Aufnahmen, doch Nicole ließ sich von unserer unterdrückten Nervosität nicht anstecken. Nach zwei Stunden wurde sie dann doch sehr müde. Allen war klar, daß wir irgendwie fertigwerden mußten. Nicole bekam einen Tee und legte dann noch einmal richtig los. Ohne "Äh" und "Öh" kommentierte sie die Filmszenen, in denen sie in der Halle trainiert. All das ohne Probe und Manuskript. Mancher bekannte Fernsehmoderator, der seine Ansagen von einem mitlaufenden Schriftgenerator abliest, könnte sich davon eine Scheibe abschneiden. Das ist ein weiteres Beispiel für Nicoles starke Konzentrationsfähigkeit, die wir oft genug bei den Dreharbeiten beobachtet haben.

Die Serie hat nun mit Nicole Uphoff eine Identifikationsfigur, die jung, prominent und hochqualifiziert ist. Das Schönste für uns Filmleute aber war, daß Nicole und alle anderen "Pferdemenschen" immer ohne Arroganz mit uns zusammengearbeitet haben.

Nicole ist sich ihrer Rolle als erfolgreichste Dressurreiterin der Welt bewußt. Sie hat gelernt, die Medien ernst zu nehmen und nutzt seriöse Gelegenheiten für öffentliche Auftritte. Solche Termine neben ihrer täglichen Arbeit kosten viel Kraft. Warum nimmt Nicole diese zusätz-

lichen Belastungen auf sich? Wer sie kennt, weiß, daß es nicht extreme Eitelkeit und auch nicht ein extrovertierter Drang zur Selbstdarstellung sein kann. Der Grund ist so schlicht wie entscheidend: gerade für Dressurreiter ist es wichtig, ihre Prominenz zur Zeit großer Erfolge auszunutzen. "Normales" Dressurreiten ist kein Publikumsmagnet – nur Spitzenleistungen genießen eine gewisse öffentliche Aufmerksamkeit. Im Vergleich zu Tennisspielern, Golfern oder Fußballern verfügen Dressurreiter kaum über Einnahmen aus ihrem Sport. Die Preisgelder sind bei weitem nicht vergleichbar mit denen anderer Sportarten; gleichzeitig ist aber die Haltung von Pferden bei weitem aufwendiger, als zum Beispiel die Anschaffung einer Golf- oder Tennisausrüstung.

Erfolgreiche Turnierdressurreiter kommen ohne einen Stall mit mehreren Pferden nicht aus. Kurzum, für Nicole und andere Spitzensportler im Bereich der Dressur ist es wichtig, daß sie jemand finanziell unterstützt. Es geht nicht ohne Geld im Dressursport, allerdings geht es auch nicht mit Geld allein. Man kann sich keine Spitzenleistungen erkaufen.

Nicoles erster und wichtigster Unterstützer, ihr erster Sponsor war und ist ihr Vater. Die ganze Familie hat unendlich viel Mühe und Geld in den Dressursport investiert. Nicoles Vater ist ein Unternehmer, der nicht nur an unmittelbaren Gewinn denkt, sondern der aus seinen Gewinnen etwas macht, das ihm persönlich viel bedeutet.

Aber dieser erste und wichtigste Sponsor allein reichte nicht, um eine wirklich große internationale Karriere im Dressur-

Nach getaner Arbeit genießt Berti ein Bad in der Sägespäne

sport aufrecht zu erhalten. Da ist es gut, das es Firmen gibt, die mit Sportsponsoring ihr Image verbessern wollen. Für Nicole ist es selbstverständlich, daß sie die Namen der Firmen, die ihr helfen, die hohen laufenden Kosten ihres Reitbetriebs zu tragen, immer zeigt: auf der Jacke und auf der Satteldecke. Rennfahrer, Fußball- und Tennisspieler machen es schließlich genauso. Nicoles Pferde tragen die Namen der Firmen, die für das tägliche Futter sorgen, das Personal mitfinanzieren und so dafür einstehen, daß der ganze Betrieb weiterlaufen kann.

Aus diesen Gründen heißt Rembrandt seit einigen Jahren offiziell Rembrandt Borbet, nach einer bekannten Felgenfirma, und Grand Gilbert heißt Herrmann's Grand

Nicole als Fotomodell.

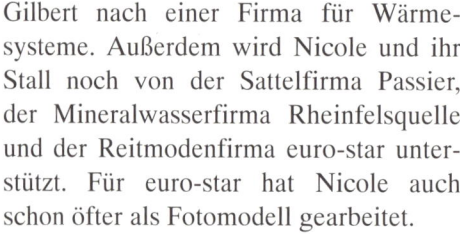

Modefotos verändern ihr Modell.

Gilbert nach einer Firma für Wärme-systeme. Außerdem wird Nicole und ihr Stall noch von der Sattelfirma Passier, der Mineralwasserfirma Rheinfelsquelle und der Reitmodenfirma euro-star unter-stützt. Für euro-star hat Nicole auch schon öfter als Fotomodell gearbeitet.

Wer sich darüber beschwert, muß andere Wege anbieten, damit Spitzenreiter/innen ihre wertvollen Pferde angemessen halten und trainieren können. Privat kann das fast niemand bezahlen.
In der Frühzeit des Dressursports, im 19. und frühen 20. Jahrhundert, gab es nur zwei große Sponsoren: Auf alten Fotografien ist noch deutlich zu erkennen, daß sich damals fast nur Offiziere und Hofreiter eine Karriere im Dressursport leisten konnten, da die Kosten für die Ställe ganz und gar vom Steuerzahler übernommen wurden, der gar nicht gefragt wurde, ob er wollte oder

nicht. Da scheint die heutige Lösung ge-rechter: Wer etwas davon hat, der zahlt auch. Das galt auch schon für den anderen Ort, an dem der Dressursport gefördert wur-de: für den Zirkus.

Das soll nicht heißen, daß die Vermischung von Sport, Werbung und Sponsoring ganz und gar unproblematisch ist. Jeder kennt die Extreme: Millionenverträge für Spitzenten-nisspieler und Sportveranstaltungen, deren Hauptzweck nur noch die Werbung zu sein scheint. Man muß bei diesem Thema Unter-schiede machen. Damit begabte junge Rei-ter die Pferde reiten können, die sie auch sportlich weiterbringen, brauchen sie finan-zielle Unterstützung. Eltern und Reitvereine sind schnell überfordert, es sei denn, die Eltern verfügen über sehr viel Geld. Da bie-tet das Sponsoring den Begabten aus nicht so wohlhabenden Familien eine Möglich-keit, doch noch ans Ziel zu kommen.

Die Rolle der Medien

Häufig beschweren sich Reiter und Pferdeliebhaber, daß im Fernsehen zu wenig Pferdesport gesendet wird. Und wenn dann wirklich mal ein Bericht von einem Turnier im Programm ist, dann sieht man meistens nur den Springparcours und selten mal einen Dressurritt. Während den Zuschauern nicht selten zehn, zwanzig Ritte über die Hindernisse vorgeführt werden, ist nebenan am Dressurviereck noch nicht mal eine einzige Kamera aufgebaut. So passiert es dann, wie bei den Deutschen Meisterschaften '93 in Verden, daß der absolute Weltrekordritt von Nicole Uphoff mit Rembrandt Borbet im Grand Prix, bewertet mit der höchsten aller bisher erreichten Punktzahlen von 1813 Punkten, überhaupt nicht aufgenommen wird.

Die Fernsehredakteure vertreten diese Entscheidung dann mit Argumenten wie "Dressur, wer versteht das schon!" oder "Dressur, das ist doch nur was für die Reichen." Wer so spricht, vergißt, daß dieselben Dinge bis vor kurzem auch über Golf gesagt wurden – und heute reißen sich die Fernsehsender um die Übertragungsrechte für Golfturniere, halten Menschen oft nächtelang vor der Glotze aus, um Bernhard Langer spielen zu sehen. Sport ist Sport und gehört allen Menschen. Gut erklärten und gut durchgeführten Sport jeder Art sehen fast alle Menschen gern.

In vielen Redaktionen der entsprechenden Sender fehlen leider die Reitsportspezialisten. Gerade im Dressursport aber liegt der Schlüssel zum Publikumserfolg eindeutig in einer qualifizierten und spannenden Kommentierung, die das Auge des Zuschauers leitet und ihn zum Experten, ja zum Richter werden läßt.

Je mehr ein Zuschauer weiß, desto interessanter wird für ihn die Prüfung. So wie man beim Springen eine Stange herunterfallen sieht, so kann man bei einer Dressurprüfung auch Fehler deutlich erkennen und mit einiger Erfahrung die Folgen einschätzen lernen. Beim Eiskunstlauf ist das nach und nach für ein Millionenpublikum gelungen.

Der Dressursport hat die Botschaft, daß Menschen respektvoll mit dem Partner Pferd umgehen können. Dieser Sport hat mehr Publikumserfolg verdient. Gesucht sind Reporter vom professionellen Kaliber eines Hans-Heinrich Isenbart, die mit geeignetem Kommentar ihr Publikum fesseln und ihm die Augen für die Schönheiten dieser Sportart öffnen.

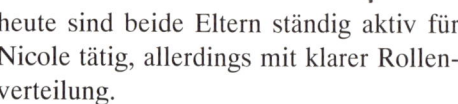

Pferdemenschen

Nicoles Eltern

Nicoles Erfolg ist ohne das Engagement ihrer Eltern unvorstellbar. Ihre Mutter und ihr Vater haben die einzige Tochter immer nach Kräften unterstützt. Nicole hatte dadurch von Hause aus immer volle Rückendeckung. Ihr Vater, Jürgen Uphoff, hat immer für seine Tochter gekämpft. Ihr Erfolg gibt ihm recht. Bis heute sind beide Eltern ständig aktiv für Nicole tätig, allerdings mit klarer Rollenverteilung.

Nicoles Mutter ist bei jedem Turnier dabei und kümmert sich um den ganzen "Kleinkram", der sehr aufhält. Sie erledigt zum Beispiel die Startmeldung, Auslosung der Startfolge, tierärztliche Untersuchung, Abrechnung, und, und, und. Nicole braucht sich dadurch nur um ihre Pferde zu kümmern.

Vater Uphoff managt die schwierigen Verhandlungen mit den Medien und macht Nicoles Terminkalender. Dabei befindet er sich oft in dem Konflikt, auf der einen Seite Nicoles Karriere nach Kräften fördern zu wollen, auf der anderen Seite ihr den Rücken frei zu halten für eine ungestörte Arbeit mit den Pferden.

Die Gründe für Nicoles Sicherheit und Konzentrationsfähigkeit sind sicher zu einem erheblichen Teil vor diesem familiären Hintergrund zu suchen.

Nicoles Vater.

Nicoles Mutter

STOP! Intermezzo!

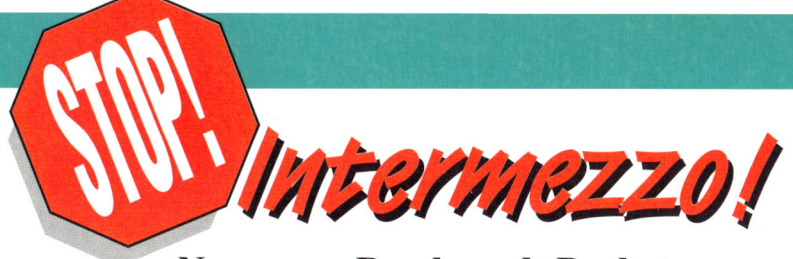

Neues von Rembrandt Borbet

Rembrandt Borbet und Nicole Uphoff gewannen mit ihrem überragenden Ritt in Barcelona die vierte Goldmedaille. Dieser Sieg war dazu noch ein ganz besonderer Rekord, würdig für eine Eintragung in das Guiness-Buch der Rekorde. Zum ersten Mal in der Geschichte des Dressursports erkämpfte sich ein und dasselbe

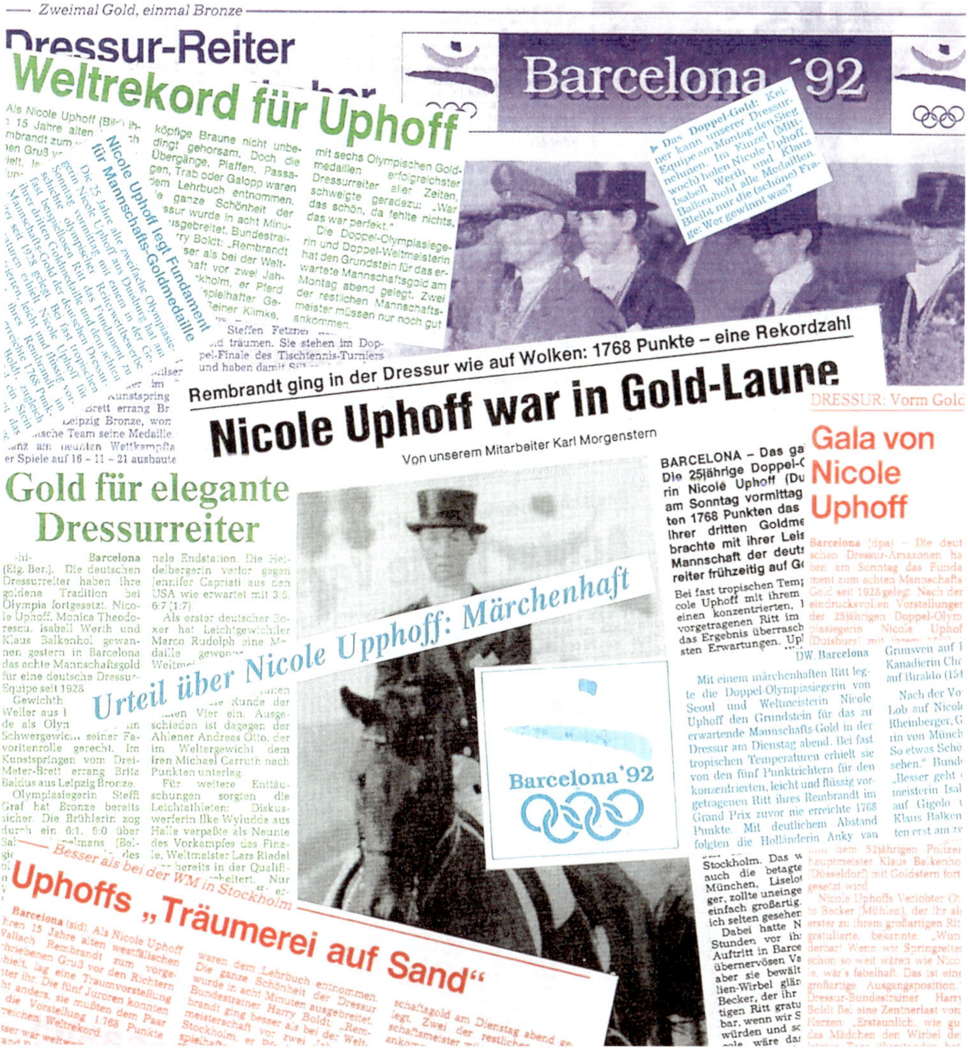

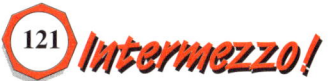

Paar so viele Goldmedaillen. Im Juni 1993 gewannen die beiden auch die Deutsche Meisterschaft in Verden. Für viele, die dabei gewesen sind, war der Meisterschaftsritt der eindrucksvollste, den die beiden je vorgeführt haben. Remmi wußte scheinbar mal wieder, worum es geht.

Doch die Siegerehrung beendete jäh die glückliche Situation. Auf dem Höhepunkt seiner Leistungsfähigkeit, seit Jahren wie ein zerbrechliches Kleinod umsorgt und behütet, wurde Rembrandt Borbet von einem anderen Pferd gefährlich verletzt.

Nicole berichtet:
Zur Siegerehrung gab es, wie immer, eine Ehrenrunde. Wir sind alle losgaloppiert, zunächst ziemlich langsam, weil vorne eine Kutsche fuhr. Dann hieß es, wir sollten noch eine zweite Ehrenrunde reiten. Die Kutsche war weg und wir hatten freie Bahn. Nach anderthalb Runden hörte ich von hinten ein schwer galoppierendes Pferd, das uns alle überholte. Dadurch entstand ein Riesenchaos. Solche Situationen sind immer sehr gefährlich, und ich meine auch, man sollte diese Form der Siegerehrung noch mal genau überdenken.

In der Nähe des Ausgangs, am Ende der Runde, stoppte plötzlich eine Stute vor mir und keilte nach hinten aus. Der Schlag war selbst für mich im Sattel noch zu spüren. Rembrandt Borbet galoppierte auf drei Beinen weiter bis zum Ausgang. Mit diesem Schlag war die Siegerehrung in schrecklicher Weise beendet. Ich schrie auf. Ich dachte in diesem Moment nur eines: "Oh Gott, das Bein ist ab." Nur mit Mühe habe ich ihn anhalten können. Er stand nur auf drei Beinen und das Blut tropfte aus der Wunde. Nach kurzer Zeit, die mir natürlich endlos vorkam, kam ein Tierarzt, der in seiner nahegelegenen Klinik erst einmal die Platzwunde nähte. Später wurde Rembrandt Borbet geröntgt. Dabei stellte sich heraus, daß ein Stück Knochen unter der Kniescheibe abge-

splittert war. Wir haben Rembrandt Borbet noch in derselben Nacht mit Hilfe von Freunden nach Hause gebracht. Früher hätte man dieses Pferd aufgegeben, aber die Tiermedizin ist mittlerweile sehr weit. Sie haben ihn in einer Narkosebox in einen Gurt gehängt und dann operiert. Der Arzt, Dr. Peter Cronau, hat den abgesplitterten Knochen an zwei Stellen wieder angeschraubt. Ich war dabei und habe mir alles genau angesehen. Es sah ganz einfach aus, war aber sehr gekonnt.

Die Prognose für den Heilungsprozeß ist recht gut. Wir hatten ja noch Glück, daß die Kniescheibe nicht getroffen wurde. Wenn der Heilungsprozeß gut verläuft, dann werden wir von diesem Unfall hoffentlich nichts mehr merken. Schon ein paar Wochen nach der Operation hat man bei Rembrandt Borbet wieder das Gefühl: der möchte. Er hat ja auch nie etwas gehabt, und gerade in diesem Jahr, mit 16 Jahren, war er so fit wie noch nie. Remmi hat auch noch nie so toll ausgesehen, so durchtrainiert mit seinem muskulösen Hals und Hinterteil. Deshalb bin ich davon überzeugt: Wenn alles gut verheilt, dann wird Rembrandt Borbet auch wieder normal Turniere gehen können.

Unser Verhältnis ist durch diesen schrecklichen Unfall eher noch inniger geworden. Vorher war das eine Art alter Freundschaft, aber jetzt, seitdem ich Remmi auf dem Operationstisch habe liegen sehen, ist er mir noch viel näher gekommen.

Als er auf dem Operationstisch lag, hatte ich ein Gefühl, als wenn ein Teil von mir unter das Messer käme. An den Tagen

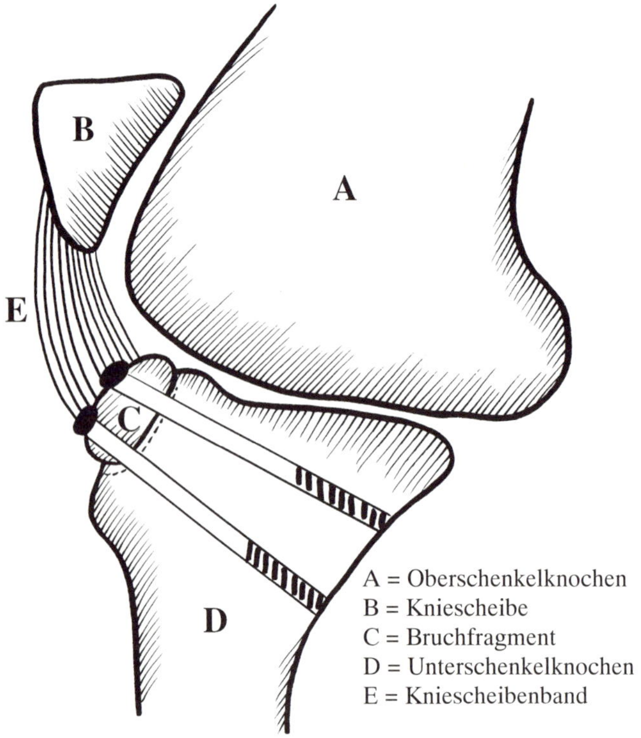

A

B

E

C

D

Stelle der
Verletzung

A = Oberschenkelknochen
B = Kniescheibe
C = Bruchfragment
D = Unterschenkelknochen
E = Kniescheibenband

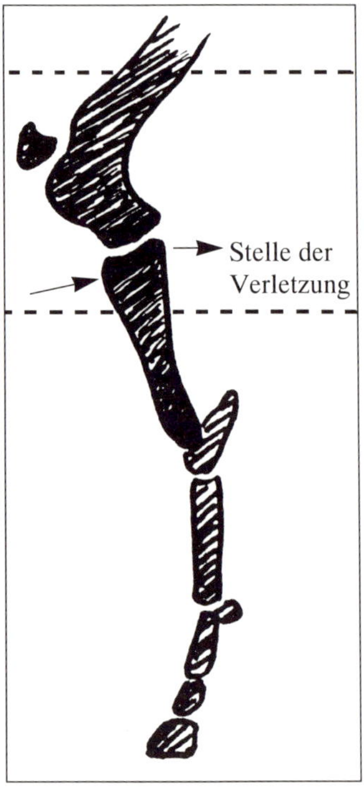

vor der Operation ging es mir auch ziemlich schlecht. Und als er dann wieder auf allen Vieren stand, da ging's auch mir besser. Das hatte gar nichts mehr mit der Frage zu tun, ob er wieder in den großen Sport geht oder nicht. Ich war einfach glücklich zu sehen, daß er wieder auf allen Vieren stand. Im Endeffekt hängt jetzt alles vom Heilungsprozeß ab. Da kann jetzt keiner mehr was tun. Das muß einfach heilen. Wenn jetzt alles gut verläuft, so wie es im Moment den Anschein macht, dann glaube ich auch, daß er wieder ganz normal Turniere gehen kann. Aber mit solchen Prognosen bin ich immer schon vorsichtig gewesen. Ich sage mir, ein Jahr im voraus planen, das reicht. Ich schaue immer nur bis ins näch-

ste Jahr, weiter nicht. Nach Seoul haben alle gesagt: "Der geht mit nach Barcelona." Das hat mich verschreckt, und ich habe dann gesagt: "Mal langsam, ich reite im nächsten Jahr erst einmal die Europameisterschaft."

Nach dem Unfall habe ich erst gemerkt, daß Remmi der absolute Medienstar ist. Der hat doch tatsächlich seine eigenen Postkarten bekommen! Als Adresse steht da nur:
Pferd Rembrandt Borbet in Warendorf.
Und das ist angekommen! Darüber habe ich mich sehr gefreut.

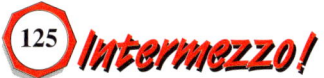

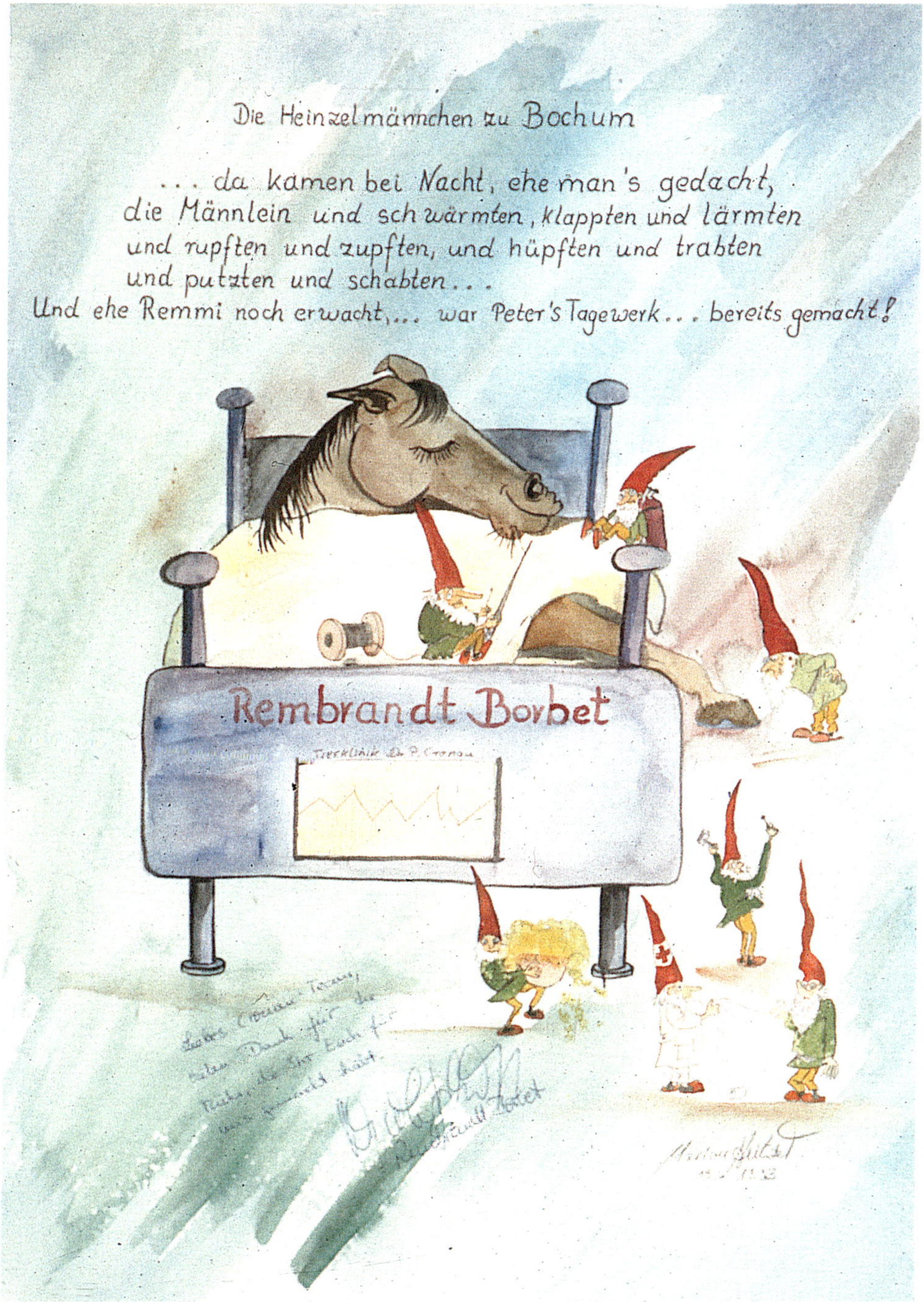
Die Heinzelmännchen zu Bochum
... da kamen bei Nacht, ehe man's gedacht,
die Männlein und schwärmten, klappten und lärmten
und rupften und zupften, und hüpften und trabten
und putzten und schabten...
Und ehe Remmi noch erwacht,... war Peter's Tagewerk... bereits gemacht!
Rembrandt Borbet

Nach der Operation von Dr. Peter Cronau erholt sich Remmi im Krankenbett.

9. Tips für junge Reiter von denen, die es wissen müssen

Nicole Uphoff: Grüße an meine Fans

![Nicole inmitten ihrer jugendlichen Fans.]

Nicole inmitten ihrer jugendlichen Fans.

Wie oft haben mich junge Reiter und Reiterinnen gefragt: "Nicole, wie werde ich Olympiasiegerin?" Sie haben mir deswegen auch oft geschrieben. Bei dieser Frage stehen mir immer wieder die Haare zu Berge. Ich habe dann sofort das Gefühl, daß das Pferd bei einer solchen Denkweise ganz schnell zum puren Sportgerät verkümmert. Bei dem Gedanken, daß Jugend-

liche mit zwölf oder dreizehn Jahren schon mit dem Hintergedanken reiten, sie wollten Olympiasieger werden, wird mir doch etwas komisch zumute. Die haben offensichtlich so einen Ehrgeiz, daß die Gefahr besteht, daß sie keine Rücksicht mehr auf das Pferd nehmen.

Wenn ich mir so überlege, welche Eigenschaften junge Reiter und Reiterinnen

mitbringen sollten, dann fällt mir folgende Rangordnung ein: als allererstes Geduld, als zweites Respekt vor der Natur des Pferdes, als drittes Toleranz, als viertes Beherrschtheit und als fünftes Durchsetzungsvermögen. Und wenn ich Euch wirklich einen Rat geben darf: Behandelt Euer Pferd nicht als Sportgerät, sondern als Partner. Laßt Euch nicht von Euren Eltern verrückt machen. Eure Eltern sollten Euch **unterstützen.** Wenn das nicht gut läuft, geht Euren eigenen Weg. Vor allem die Mädchen möchte ich ermutigen. Denn was die Dressurreiterei angeht, sind die Frauen auf jeden Fall gleichberechtigt. Man könnte fast den Eindruck haben, daß die Frauen die Dressurreiterei eigentlich schon dominieren, ganz im Gegensatz zum Springsport. Zumindest in den hohen Klassen der Springreiterei gibt es nur sehr wenig Amazonen. Das ist bei uns in der Dressurreiterei ganz anders. Da braucht man sich nur die Dressurequipe anzuschauen. Da gibt es drei Frauen und einen Mann. Das sagt schon einiges. Dressurreiten ist übrigens eine der wenigen Sportarten, in denen Männer und Frauen völlig gleichberechtigt antreten.

Otto Becker: Anmerkungen für junge Springreiter/innen

Otto Becker, erfolgreicher deutscher Springreiter.

Ein erfolgreicher Springreiter wird man nicht durch ständiges und eintöniges Wiederholen von Sprüngen. Hier, wie im Dressursport, liegt der Erfolg in einer soliden und vielseitigen Grundausbildung von Reiter und Pferd begründet. Je besser die dressurmäßige Grundausbildung, desto besser hat man später den Parcours im Griff. Man beherrscht das Reiten der Wendungen und der verschiedenen Distanzen. Einfach ausgedrückt: Gas und Bremse müssen funktionieren. Die dressurmäßige Arbeit des Pferdes muß immer weiter geführt werden, auch dann, oder gerade dann, wenn ein Pferd nur noch als Springpferd eingesetzt wird. Die Springleistung wird durch ständige Gymnastik und spezielle Kraft- und Technikübungen besser gefördert als durch das Springtraining selber. Beim Springtraining ist Mäßigung angesagt, trotzdem gehört das Parcoursreiten natürlich zum festen Trainingsprogramm.

Otto Becker und Lucky Luke in perfektem Springstil.

Susanne Hopmann: Tips für ehrgeizige Reiter/innen

Susanne Hopmann mit ihren beiden Jack-Russell-Hunden Schoco und Radau, den Kindern von Nicoles Andy.

Um ein guter Reiter zu sein, braucht man mit Sicherheit viele Eigenschaften, besonders aber Geduld.

Dabei muß man versuchen, sein Pferd zu verstehen und immer zuerst den Fehler bei sich selber suchen. Viele Probleme entstehen beim Reiten und auch im Stall dadurch, daß das Pferd nicht richtig verstanden hat, was von ihm verlangt wird. Ein Reiter muß sich darüber im klaren sein, daß man in der Reiterei nie auslernt. Deshalb wird auch gesagt: Man braucht zum Reitenlernen nicht nur ein Leben, sondern zwei.

Reitet man schon recht gut, findet sich meistens auch jemand, der einem weiterhilft und vielleicht sogar ein Pferd zur Verfügung stellt. Junge talentierte Reiter sollten in erster Linie sehen, daß sie die Pferde und die Verantwortung ihnen gegenüber ernst nehmen. Um Erfolg zu haben, reicht es nicht aus, nur ein- oder zweimal in der Woche zu üben. Konsequente und regelmäßige Arbeit sind die Grundlage für den Erfolg.

Um darüber hinaus auch noch international mithalten zu können, müssen natürlich bestimmte Voraussetzungen gegeben sein, wie zum Beispiel ein guter Reitlehrer und auch ein talentiertes Pferd.

Wie erkennt man einen guten Reitstall?

Zunächst einmal muß ein Stall ordentlich geführt sein und die Pferde müssen artgerecht regelmäßig versorgt werden. Die Menschen, die für den Reitstall verantwortlich sind, müssen gut mit den Tieren umgehen und auf die Individualität der einzelnen Pferde eingehen. Im gesamten Stall sollte ein kameradschaftlicher Umgangston herrschen, aber mit festen Regeln an denen man erkennt, daß hier die Menschen für die Pferde da sind und nicht umgekehrt.

Die Ställe müssen so groß sein, daß die Pferde genügend Platz, Licht und Luft haben. Besonders freut mich, wenn Ställe so gebaut sind, daß die Pferde herausgucken können. Paddocks oder Weiden sollten vorhanden sein. Pferde sind keine Sportgeräte. Es sind Lebewesen und wir sind dafür verantwortlich, daß es ihnen rundherum gutgeht.

Einen gut geführten Stall kann man auch an der Ordnung der Sattelkammer erkennen. Dreckige Trensen und kaputtes Sattelzeug sind kein Zeichen für einen gut geführten Betrieb.

Eine saubere Stallgasse ohne allzu viele Spinnweben und sonstigen Schmutz gehören ebenso dazu. Der Reithallenboden sollte gleichmäßig geebnet sein und der Hufschlag regelmäßig begradigt werden. An diesen scheinbaren Nebensächlichkeiten erkennt man, ob sich die Reiter in diesem Stall Bemühen und sich zu Hause fühlen.

Woran erkennt man einen guten Ausbilder oder eine gute Ausbilderin?

Ein guter Ausbilder ist um das Wohlergehen der Pferde und auch der Schüler ständig bemüht. Man sollte Respekt vor ihm und vor seiner Erfahrung haben können. Ein konsequenter und autoritärer Stil ist im Umgang mit Schülern manchmal notwendig, um die Sicherheit aller Beteiligten zu gewährleisten. Ein Reitlehrer, der die Situation beim Unterricht nicht ständig im Griff hat, handelt unverantwortlich. Zu schnell können vermeidbare

Prüfstein für einen gutgeführten Reitstall: ein Blick in die Sattelkammer.

Unfälle passieren. Das schließt aber einen kameradschaftlichen Umgangston nicht aus.

Ich achte zuerst auf die Sprache des Ausbilders und auf seine Umgangsformen. Ein Ausbilder, der alle Pferde und Reiter über einen Kamm schert und der für alle immer die gleichen Kommandos gibt und dazu mit lauter Stimme herumbrüllt, wird längst nicht soviel Erfolg bei seinen Schülern haben wie derjenige, der auf seine Schüler eingeht.

Ein schlechter Reitlehrer würde zum Beispiel sagen: "Wenn du nicht lernst, die Hacken 'runterzunehmen, wirst du niemals richtig reiten lernen." – das möglichst noch in einem lauten Befehlston. Der arme Reiter, dessen Sehnen und Muskeln noch nicht so trainiert sind, daß er das automatisch kann, verkrampft sich immer mehr und wird es nie schaffen, die Absätze herunter zu drücken. Ein guter Reitlehrer würde zum Beispiel sagen: "Du hast wirklich noch Probleme, deine Absätze herunter zu drücken. Wir müssen Sitzübungen an der Longe machen und dann werden wir versuchen, dieses Problem nach und nach abzustellen."

Der Ausbilder, der seine Schüler und Pferde mit Konsequenz, aber Fairness und Verständnis betreut und ausbildet, wird am meisten geschätzt. Hat der Schüler eine sichere Sitzgrundlage, dann können viele abwechslungsreiche Dinge auf dem Pferderücken unternommen werden, zum Beispiel Reiten über Cavalettis, Springen, Geländereiten, Quadrillen- oder Musikreiten, Reiterspiele und die Teilnahme an Turnieren.

Wie komme ich zu einem guten Pferd ?

Wer eine gute Grundausbildung genossen hat und ein guter vielseitiger Reiter ist, wird meistens wenig Probleme haben, bei Pferdebesitzern eine Reitbeteiligung zu erreichen oder, wenn er in einem ländlichen Gebiet wohnt, ein Pferd zum

Beispiel für einen Züchter reiten zu dürfen. Vielleicht kann man mit Hilfe des Reitlehrers etwas nachhelfen. Nicht jeder hat die Chance und die finanziellen Möglichkeiten ein eigenes Pferd zu besitzen. Dann muß man versuchen, ab und zu ein Pflegepferd reiten zu dürfen. Wenn jemand das Engagement, den Idealismus hat und bereit ist, weiter dazu zu lernen, werden sich Situationen ergeben, in denen man ein Pferd dann auch für andere Pferdebesitzer reiten darf. Im Idealfall wird man noch dafür bezahlt.

Welches sind die Voraussetzungen für eine erfolgreiche Zusammenarbeit zwischen Reiter und Pferd

Jeder, der mit dem Reitsport beginnt, fühlt sich zu Pferden hingezogen. Die Tierliebe ist die wichtigste Voraussetzung. Aber hat man angefangen zu reiten, dauert es noch lange, bis man wirklich sein Pferd versteht. Oft fehlt es an Geduld und an Einfühlungsvermögen. Die Tierliebe ist zwar weiter vorhanden, aber vom Sattel aus wird das Pferd leicht als Sportgerät betrachtet. Dann wird schon mal der Ärger über die eigenen Unfähigkeiten am Pferd ausgelassen. Gerade bei Jugendlichen ist es ganz wichtig, daß sie von Anfang an folgendes begreifen: Nur gemeinsam mit dem Partner Pferd, in Freundschaft können sie etwas erreichen. Zwang und Strafen machen auf Dauer das Pferd unwillig und führen zum schlechten Reiten.
Ein Reiter muß sich darüber im klaren sein, daß das Pferd manche Hilfen einfach noch nicht versteht. Dann muß über-

legt werden, wie das Pferd langsam an eine neue Aufgabe herangeführt werden kann. Ein typisches Beispiel ist das Durchreiten von Wasserstellen mit jungen Pferden. Hat das Pferd Angst und weigert sich, ins Wasser zu gehen, nützt das Strafen meistens wenig und führt zu noch mehr Widersetzlichkeiten. Mit einem vorausgehenden, erfahrenen Führpferd brauchen solche Situationen erst gar nicht zu entstehen.

Woran erkennt man einen guten Reiter, eine gute Reiterin?

Einen guten Reiter erkennt man an seinem korrekten, elastischen Sitz, an einer gefühlvollen Einwirkung und nicht zuletzt an seinem Pferd. Geht das Pferd zufrieden, mit kauendem Maul, schwingendem Rücken und ruhigem, pendelndem Schweif, dann ist das ein Zeichen dafür, daß es sich wirklich wohlfühlt und losgelassen geht. Besonders die gefühlvolle Hand des Reiters, die ja über die Trense auf das empfindliche Maul einwirken kann, ist bei einem guten Reiter absolute Voraussetzung. Harte Hände, riegelnde Hände oder scharfe Paraden können den Pferden die Lust am Reiten vollkommen verderben.
Ein guter Reiter lobt sein Pferd nach gelungenen Lektionen, gibt ihm häufiger Schrittpausen und ist auch schon mit kleinen Fortschritten zufrieden.

Der Reiter, der bei sich selber immer zuerst den Fehler sucht und daran arbeitet, diesen Fehler abzustellen, ist für mich der beste Reiter.

Hans-Heinrich Isenbart: Was ist Talent?

Fachjournalist und passionierter Pferdeliebhaber Hans-Heinrich Isenbart gut geschützt in einer Pferdedecke.

Reiter und Reiterinnen müssen neben dem Talent, dem körperlichen Talent, auch ein geistiges Talent mitbringen. Sie brauchen eine ganz außergewöhnliche Zähigkeit, ganz ungewöhnliche Geduld, und die Fähigkeit, alle Widrigkeiten zu bestehen, die normalerweise jedes junge Mädchen zu Tränen treiben würde. Zähigkeit, Ausdauer, immer erneut auch den Zorn besiegen, wenn es nicht weitergeht,

das sind Charaktereigenschaften, die gefragt sind. Dazu die unendliche Geduld, immer wieder neu anzufangen. Neben dem intensiven Sichversenken in die Art des Pferdes ist eine ganz besondere Fähigkeit zur Selbstbeherrschung unumgänglich. Ständig sich selbst besiegen, ständig sich selbst überwinden können, das ist im Dressursport eigentlich das Wichtigste.

10.
Neues von Nicole

Hochzeit am 17. September 1993: Otto Becker und Nicole Uphoff.

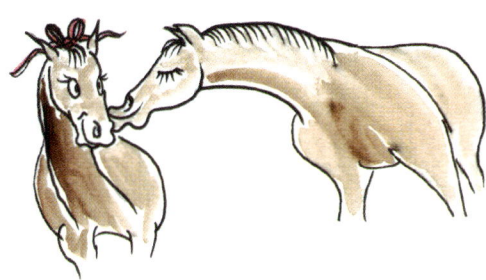

 *Herzlichen Glückwunsch!*

11. Anhang

Auflösung zum Intermezzo (siehe Seiten 42 und 43): Wie steht ein kleines Fohlen auf?

Ganz junge Fohlen stehen tatsächlich mit allen vier Beinen gleichzeitig auf. Ältere Fohlen und ausgewachsene Pferde stehen immer zuerst vorne auf.

Ganz im Gegensatz zu Kühen, die sich zuerst hinten erheben.

Auflösung zum Intermezzo (siehe Seite 67):
Wie fotografiere ich ein Pferd?

*Das Pferd muß im rechten Winkel zur Kamera stehen und möglichst dazu noch leicht berg-
auf, sonst wirkt der Leib im Verhältnis zum Kopf leicht zu massig.*
*Die Beine auf der der Kamera zugewandten Seite sollen offen stehen, das heißt, sie müssen
deutlich weiter auseinanderstehen, als die Beine auf der anderen, der Kamera abgewandten
Seite. Sonst kann es passieren, daß das Pferd nur noch mit drei Beinen zu sehen ist.*
*Die Ohren müssen nach vorne gerichtet sein und der gesamte Ausdruck sollte wach und
interessiert sein.*
*Nur so präsentiert sich ein Pferd und insbesondere ein Hengst im wahrsten Sinne des Wortes
von seiner besten Seite.*

Kreuze an: ◯ richtig ✗ falsch   Kreuze an: ◯ richtig ✗ falsch

Kreuze an: ✗ richtig ◯ falsch   Kreuze an: ✗ richtig ◯ falsch

137

Adressen der FN, Warendorf, und der Landesverbände für Reit- und Fahrvereine sowie der Anschlußverbände

Deutsche Reiterliche Vereinigung e.V. (FN)
Freiherr-von-Langen-Str. 13
48231 Warendorf
Tel.: 02581/63 62 0

Adressen der Landesverbände der Reit- und Fahrvereine:

Landesverband der Reit- und Fahrvereine Baden-
Württemberg e.V.
Remsstr. 1
70806 Kornwestheim
Tel.: 07154/180632

Bayerischer Reit- und Fahrverband e.V.
Landshamer Str. 11
81929 München
Tel.: 089/906071

Landesverband der Reit- und Fahrvereine
Berlin-Brandenburg e.V.
Passenheimer Str. 30
14053 Berlin
Tel.: 030/3045551 oder 3053603

Bremer Reiterverband e.V.
Buchholzer Str. 6
28870 Ottersberg - Quelkhorn
Tel.: 042937/1771

Landesverband der Reit- und Fahrvereine
Hamburg e.V.
Friedrich-Ebert-Str. 59
22459 Hamburg
Tel.: 040/587140

Hessischer Reit- und Fahrverband e.V.
Wilhelmstr. 24
35683 Dillenburg
Tel.: 02771/23055

Landesverband Mecklenburg-Vorpommern für
Reiten, Fahren und Voltigieren e.V.
Postfach 030112
19022 Schwerin
Tel.: 0385/812424

Reiterverband Hannover-Bremen e.V.
Johannssenstr. 10
30159 Hannover
Tel.: 0511/325768

Verband der Reit- und
Fahrvereine Weser-Ems e.V.
Mars-la-Tour-Str. 6
26121 Oldenburg
Tel.: 0441/882370

Verband der Reit- und Fahrvereine
Rheinland e.V.
Endenicher Allee 60
53115 Bonn
Tel.: 0228/703364

Provinzialverband westfälischer Reit- und
Fahrvereine e.V.
Sudmühlenstr. 33
Handorf
48157 Münster
Tel.: 0251/32809-82

Landesverband der Reit- und Fahrvereine
Rheinland-Pfalz
Burgenlandstr. 7
55543 Bad Kreuznach
Tel.: 0671/62810

Saarländischer Reiterverband e.V.
Haus des Sports
Saaruferstr. 16
66117 Saarbrücken
Tel. 0681/58603-40 oder 0681/58603-41

Landesverband Pferdesport Sachsen e.V.
Winterbergstr. 98
01237 Dresden
Tel.: 0351/2512177

Landesverband der Reit- und Fahrvereine
Sachsen-Anhalt e.V.
Rogätzer Str. 22-30
39106 Magdeburg
Tel.: 0391/554168

Landesverband der Reit- und Fahrvereine
Schleswig-Holstein e.V.
Eutiner Str. 27
23795 Bad Segeberg
Tel.: 04551/84792

Thüringer Reit- und Fahrverband e.V.
Anger 55
99084 Erfurt
Tel.: 0361/51756

Adressen der Anschlußverbände:

Deutscher Akademischer Reiterverband e.V.
(DAR)
Lavalplatz 6
40822 Mettmann
Tel.: 02104/82541

Deutsches Kuratorium für Therapeutisches
Reiten e.V.
(DKThR)
Freiherr-von-Langen-Str. 13
48231 Warendorf
Tel.: 02581/6362-0

Erste Westernreiter Union
Deutschland e.V. (EWU)
Wallenbrücker Str. 24
49328 Melle
Tel.: 05226/17606

Island Pferde, Reiter- und
Züchterverband e.V. (IPZV)
Lohrbergstr. 15 a
53604 Bad Honnef
Tel.: 02224/8764

Verein Deutscher Distanzreiter und
-fahrer e.V. (VDD)
Baumschule 4-6
49577 Ankum
Tel.: 05462/8115

Adressen der Zuchtverbände:

Pferdezuchtverband Baden-Württemberg e.V.
Heinrich-Baumann-Str. 1-3
70190 Stuttgart
Tel.: 0711/166550

Landesverband Bayerischer
Pferdezüchter e.V.
Landshamer Str. 11
81929 München
Tel.: 089/926967-13

Landespferdezuchtverband Berlin-
Brandenburg e.V.
Hauptgestüt 10
16845 Neustadt/Dosse
Tel.: 033970/201

Verband Hannoverscher Warmblutzüchter e.V.
Lindhooper Str. 92
27283 Verden
Tel.: 04231/6730

Verband Hessischer Pferdezüchter e.V.
Thoméestraße 3
34117 Kassel
Tel.: 0561/1097111

Verband der Züchter des Holsteiner
Pferdes e.V.
Steenbeker Weg 151
24106 Kiel
Tel.: 0431/30898 od. 30899

Verband der Pferdezüchter Mecklenburg-
Vorpommern e.V.
Speicherstraße 11
18273 Güstrow
Tel.: 03843/66033

Verband der Züchter des Oldenburger
Pferdes e.V.
Donnerschweer-Str. 72-80
26123 Oldenburg
Tel.: 0441/98061-0

Rheinisches Pferdestammbuch e.V.
Endenicher Allee 60
53115 Bonn
Tel.: 0228/703364 od. 703419

Pferdezuchtverband Rheinland-Pfalz-Saar e.V.
Pferdezentrum
67816 Standenbühl
Tel.: 06357/897

Pferdezuchtverband Sachsen e.V.
Winterbergstr. 98
01237 Dresden
Tel.: 0351/236 1001

Pferdezuchtverband Sachsen-Anhalt e.V.
Frommhagenstr. 55
39576 Stendal
Tel.: 03931/212859

Verband der Züchter und Freunde des
Ostpreußischen Warmblutpferdes Trakehner
Abstammung e.V.
Großflecken 68
24534 Neumünster
Tel.: 04321/45039

Verband Thüringer Pferdezüchter e.V.
Thüringer Landesverwaltungsamt
Carl-August-Allee 1 a
99423 Weimar
Tel.: 03643/3885

Westfälisches Pferdestammbuch e.V.
Sudmühlenstr. 33
Handorf
48157 Münster
Tel.: 0251/328090

Zuchtverband für das Ostfriesische und
Alt-Oldenburger Pferd e.V.
Industriestraße 14
26826 Weener/Ostfriesland
Tel.: 04951/8778

Verband der Züchter des Arabischen
Pferdes e.V.
Schellingstraße 14
30625 Hannover
Tel.: 0511/550166

Zuchtverband für Shagya-Araber, Anglo-Araber
und Araber e.V. (ZSAA)
Im Langenborn 55
63825 Schöllkrippen
Tel.: 06024/1775

Friesenpferde-Zuchtverband e.V.
Gut Brückenhaus
40822 Mettmann
Tel.: 02058/72901

Stammbuch für Kaltblutpferde Niedersachsen e.V.
Lindhooper Str. 92
27283 Verden
Tel.: 04231/67334

Pferdestammbuch Schleswig-Holstein/
Hamburg e.V.
Steenbeker Weg 151
24106 Kiel
Tel.: 0431/331776

Verband der Kleinpferdezüchter
Bayerns e.V.
Landshamer Str. 11
81929 München
Tel.: 089/926967/43

Verband der Pony- und Kleinpferdezüchter
Hannover e.V.
Johannssenstr. 10
30159 Hannover
Tel.: 0511/320410

Verband der Ponyzüchter Hessen e.V.
Rheinstr. 91
64295 Darmstadt
Tel. 06151/893955

Pferdestammbuch Weser-Ems e.V.
Mars-la-Tour -Str. 6
26121 Oldenburg
Tel.: 0441/82582

Zuchtverband für deutsche Pferde e.V.
Johanniswall 2
27283 Verden
Tel.: 04231/82892

Adressen der Haupt- und Landgestüte:

Niedersächsisches Landgestüt Celle
Spörckenstraße 10
29221 Celle
Tel.: 05141/92940

Nordrhein-Westfälisches Landgestüt
Sassenberger Straße 11
48231 Warendorf
Tel.: 02581/3505

Hessisches Landgestüt Dillenburg
Wilhelmstraße 24
35683 Dillenburg
Tel.: 02771/6075/76

Landgestüt Zweibrücken
Gutenbergstraße 16
66482 Zweibrücken
Tel.: 06332/17556

Haupt- und Landgestüt Marbach
72532 Gomadingen-Marbach a.L.
Tel.: 07385/1031

Bayerisches Haupt-
und Landgestüt Schwaiganger
Schwaiganger 1
82441 Ohlstadt/Obb.
Tel.: 08841/40018

Sächsisches Landgestüt Moritzburg
Schloßallee 1
01468 Moritzburg
Tel.: 035207/407

Landgestüt Redefin
19230 Redefin
Tel.: 038854/205 od. 206

Brandenburgisches Haupt- und Landgestüt
Havelberger Str. 20
16845 Neustadt (Dosse)
Tel.: 033970/494 od. 495

Landgestüt Radegast
Zörbiger Str. 1
06369 Radegast
Tel.: 034978/210

Adressen der Vermarktungszentren:

Niedersachsenhalle Verden
Lindhooper Straße 92
27283 Verden
Tel.: 04231/6730

Verband der Züchter des Holsteiner Pferdes
mit Reit- und Fahrschule Elmshorn e.V.
Abteilung Vermarktung
Westerstraße 93
25336 Elmshorn
Tel.: 04121/93729/93784

Westfälisches Pferdezentrum
Sudmühlenstraße 33
48157 Münster
Tel.: 0251/3280983

Absatzzentrum Vechta
Reiterwaldstadion
49377 Vechta
Tel.: 04441/3401

Pferdezentrum Rheinland-Pfalz-Saar
67816 Standenbühl
Tel.: 06357/1500

Rheinische Absatz- und Veranstaltungs-
zentrale Aachen
Albert-Vahle-Halle
52070 Aachen
Tel.: 0241/153050 oder 0228/703423

Pferdezentrum Alsfeld
An der Hessenhalle 5
36304 Alsfeld
Tel.: 06631/72011

**Adressen der Fachschulen für Reit- und/oder
Fahrausbildung sowie Voltigieren:**

Deutsche Reitschule im NRW-Landgestüt
Gestütstr. 1
48231 Warendorf
Tel.: 02581/3505

Westfälische Reit- und Fahrschule e.V.
Steinfurter Str. 103
48149 Münster
Tel.: 0251/293161

Reitschule St. Martin
Hof Schulze Niehues
Flintrup 3
48231 Warendorf
Tel.: 02581/4151

Landesreit- und Fahrschule Rheinland
Bergstr. 62
42489 Wülfrath
Tel.: 02058/3317

Landesreitschule Niedersachsen
27318 Hoya/Weser
Tel.: 04251/2373

Bayerisches Landesamt für Pferdezucht und
Pferdesport
Landshamer Str. 11
81929 München
Tel.: 089/926967-0

Hessische Landesreit- und Fahrschule Dillenburg
Wilhelmstr. 24
35683 Dillenburg
Tel. 02771/6075

Landesreitschule des Landesverbandes der Reit-
und Fahrvereine Berlin e.V.
Passenheimer Str. 30/Reiterstadion
14053 Berlin
Tel.: 030/3045551

Fachschule für Voltigieren
Dehnenweg
31249 Hohenhameln
Tel.: 05128/7007

Landesleistungszentrum für Reiten und Fahren
mit Benutzung für Vielseitigkeitsreiter
Am Reiterzentrum 3
91522 Ansbach
Tel.: 0981/6939 oder 6938

Hannoversche Reit- und Fahrschule Verden e.V.
Niedersachsenhalle
27283 Verden
Tel.: 04231/2995

Haupt- und Landgestüt Marbach
72532 Gomadingen
Tel.: 07385/1031

Landesreit- und Fahrschule Weser-Ems e.V.
Am Reiterwaldstadion
49377 Vechta
Tel.: 04441/2170

Fachschule für Reitausbildung:

Agraringenieurschule Zierow
Lindenstr. 15
23968 Zierow
Tel.: 038428/324

Fachschulen für Reit- und Fahrausbildung:

Brandenburgisches Landgestüt
Havelberger Str. 20
16845 Neustadt/Dosse
Tel.: 033970/494 oder 495

Landgestüt Redefin
19230 Redefin
Tel.: 038854/205 oder 206

Sächsisches Landgestüt
E.-Thälmann-Allee 1
01468 Moritzburg
Tel.: 035207/407

Fachschule für Fahrausbildung:

Bernd Duen
Im Paarbergerwald
26169 Friesoythe
Tel.: 04495/315

Sonstige Adressen:

Cavallo Lusitano e.V.
Altvaterstr. 4
82362 Weilheim
Tel.: 08809/1060

Die Autorinnen:

Monika Kirschner

war nach ihrem Studium der Pädagogik und Naturwissenschaften zunächst als Lehrerin tätig und arbeitete gleichzeitig für das Schulfernsehen. 1989 ist sie ganz zum Journalismus übergewechselt.

Sie ist als Drehbuchautorin und Fernsehregisseurin zahlreicher Wissenschaftssendungen bekanntgeworden und unter anderem für "Globus", "Bilder aus der Wissenschaft", einige Umwelt- und Tierfilmserien sowie für mehrere Zeitschriften tätig. Für den Auswertungs- und Informationsdienst für Ernährung, Landwirtschaft und Forsten (AID), Bonn, hat sie umfangreiche Fernsehbegleitmaterialien für Lehrer, Eltern und Schüler konzipiert und getextet.

1990 erhielt Monika Kirschner den Fernseh-Journalistenpreis der "Deutschen Gesellschaft für Ernährung".

Nicole Uphoff

ist eine dynamische und zielstrebig engagierte Pferde-Frau. Sie hat bereits sehr viele nationale und internationale Championate mit verschiedenen Pferden im Dressursport gewonnen. So ist sie schon Deutsche Meisterin, Europameisterin, Weltmeisterin und sogar vierfache olympische Goldmedaillengewinnerin geworden. Sie bildet gern und erfolgreich junge Pferde aus. Inzwischen ist sie auch Pferdezüchterin und hat bereits zwei eigene Fohlen.

Nicole Uphoff ist aber nicht nur Spitzensportlerin auf dem Dressurviereck, sondern reitet genauso gern mit ihren Pferden ins Gelände und genießt den Umgang mit dem Pferd. Sie hat seit ihrer Kindheit eine gute Beziehung zu Tieren entwickelt und liebt besonders Jack-Russell-Hunde.

Im September 1993 heiratete Nicole Uphoff den bekannten Springreiter Otto Becker.

Videos aus dem FN-Verlag

In diesem Film stellt Ihnen Nicole Uphoff ihre Pferde persönlich vor. Sie sind bei ihrem täglichen Training dabei und erfahren so viele Details über Nicoles Ausbildungsphilosophie. Sie erleben sie mit Herrmann's Grand Gilbert im Gelände, mit Rembrandt Borbet in einer Grand Prix-Prüfung und mit ihrem ersten eigenen Fohlen auf einer Fohlenschau.

VHS-System, Spieldauer: 45 Minuten. Produktion und Copyright: DE CAMPO FILM GMBH, Köln.

Hauptthema dieses Filmes ist nicht der Pferdesport mit Höchstleistungen unter dem Sattel, die nur von wenigen erreicht werden. Die Freude, die der Umgang mit Pferden in der Freizeit vermitteln kann, ist wichtiger, ebenso wie die Beobachtungen an Pferden unter sich im spielerischen und faszinierenden Umgang mit ihresgleichen. Ein Film für alle Pferdefreunde und solche, die es werden wollen.

VHS-System, Spieldauer: 45 Minuten. Produktion: DE CAMPO FILM GMBH, Köln.

Weitere lieferbare Videofilme:

In allen Sätteln gerecht
Grundausbildung für Kinder und Jugendliche
Herausgegeben von Isabelle von Neumann-Cosel-Nebe
und der Deutschen Reiterlichen Vereinigung.
VHS-System, Spieldauer: ca. 45 Minuten.
Produktion: DE CAMPO FILM GMBH, Köln

Spielend reiten lernen
Anfängerausbildung für Kinder
Herausgegeben von Isabelle von Neumann-Cosel-Nebe
und der Deutschen Reiterlichen Vereinigung.
VHS-System, Spieldauer: ca. 35 Minuten.
Produktion: DE CAMPO FILM GMBH, Köln

Faszination Geländereiten
Erfolg durch vielseitige Ausbildung
Herausgegeben von Martin Plewa und
der Deutschen Reiterlichen Vereinigung.
VHS-System, Spieldauer: 45 Minuten.

Sitzschulung und Hilfengebung
Ein 3-teiliger Lehrfilm zum Dressursitz;
Entlastungssitz/Springsitz und zur Hilfengebung.
Herausgegeben von Christoph Hess und der
Deutschen Reiterlichen Vereinigung.
VHS-System, Spieldauer: ca. 30 Minuten.

Dressurausbildung mit Maria Günther
Praktische Hilfen und Tips, ein Pferd richtig zu reiten und auszubilden.
VHS-System, Spieldauer: 45 Minuten.
Produktion: DE CAMPO FILM GMBH, Köln

Springausbildung mit Karsten Huck
Film 1: Gymnastikarbeit für Springpferde und Reiter über Cavaletti und Sprung.
Film 2: Reiten von Distanzen leicht gemacht.
Film 3: Schräges Anreiten von Sprüngen, Springen aus der Wendung und Springen von Wassergräben.
VHS-System, Spieldauer: je Film ca. 30 min.
Produktion: DE CAMPO FILM GMBH, Köln

Die große Quadrille
DER DEUTSCHEN BERUFSREITER
Eine einzigartige Vorführung von zwölf Berufsreitern mit ihren Grand-Prix-Pferden.
VHS-System, Spieldauer: ca. 30 Minuten
Produktion: DE CAMPO FILM GMBH, Köln